Sylvia Boorstein

Retreat – Zeit für mich

HERDER spektrum

Band 4820

Das Buch

Einfach nichts tun, nur sitzen: Das Allereinfachste erscheint uns schwierig. Und das hat seinen Grund: Wir sind es gewohnt, unser Leben kompliziert, komplex und überladen zu machen. Das Glück des bloßen Daseins im Augenblick muss erst wieder eingeübt werden. Aber man kann es erfahren. Zu nichts weniger lädt dieses kleine Buch ein. Sylvia Boorstein ermuntert dazu, sich selber die Zeit dafür zu nehmen: ein Wochenende der Stille für sich einzuplanen und sich für drei Tage zurückzuziehen. Ein genauer Tagesplan für solche Tage des Retreats, die heute von zahlreichen Meditationszentren angeboten werden, wird vorgeschlagen, elementare Übungen werden erklärt und beschrieben: bewusstes Gehen, Spazieren mit offenen Augen, Sitzen, Essen, Schmecken, Horchen, Fühlen, Wahrnehmen des eigenen Körpers und seiner Empfindungen. Nichts Bestimmtes muss erreicht werden. Alles, was sich ergibt, ist richtig, wenn wir aufmerksam und achtsam leben.

Wer solche Praxis einübt, wer sich auf Stille einlässt und auf sie – und seinen eigenen Körper – hört, wird neue Kraft schöpfen und auch im Alltag anders, intensiver leben.

„Ziel des Buches ist es, den Leser die entkrampfende, befreiende Wirkung des schlichten Achtens auf das, was gerade in und um uns herum ist, erfahren zu lassen. So entsteht kein Leistungsdruck. Die einfache Sprache und Thematik schafft von sich aus ein Klima der Einfachheit, das den Leser anrührt und ihn auf den Geschmack bringt, sich gründlicher auf das Vorgeschlagene einzulassen. Ein gleichermaßen sympathisches wie hilfreiches Buch" (Bernardin Schellenberger). „Sylvia Boorstein findet ganz nah am ganz gewöhnlichen Alltag den Kern einer großen Weisheitstradition. Auf ihre unnachahmliche Weise erinnert sie uns daran: Gelegenheit für spirituelle Praxis ist überall – und jederzeit" (Ram Dass).

Die Autorin

Sylvia Boorstein, bekannte Meditationslehrerin und Psychotherapeutin; zusammen mit Jack Kornfield ist sie die Gründerin des Spirit Rock Meditation Center in Woodacre, California. Autorin mehrerer Bücher. In Deutsch: *Buddha oder die Lust am Alltäglichen*.

Sylvia Boorstein

Retreat – Zeit für mich

Das Dreitageprogramm

Aus dem Amerikanischen
von Bernardin Schellenberger

Herder
Freiburg · Basel · Wien

Titel der amerikanischen Originalausgabe:
Don't Just Do Something, Sit There: A Mindfulness Retreat
© 1996 by Sylvia Boorstein
Published by arrangement with HarperCollins Publishers, Inc.

Gedruckt auf umweltfreundlichem,
chlorfrei gebleichtem Papier

Deutsche Erstausgabe

Alle Rechte vorbehalten – Printed in Germany
© Verlag Herder Freiburg im Breisgau 2000
Satz: DTP-Studio Helmut Quilitz, Denzlingen
Druck und Bindung: Freiburger Graphische Betriebe 2000
Umschlaggestaltung und Konzeption:
R · M · E München / Roland Eschlbeck, Liana Tuchel
Umschlagmotiv: © Premium. Stock Photography GmbH
ISBN 3-451-04820-5

INHALT

IV. DRITTER TAG: Tag der Heimreise   135

Dieses Buch widme ich Ihnen, meinen Lesern,
aus Dankbarkeit für die Gabe der Achtsamkeit
und die Möglichkeit, sie zu üben.
Möge Ihr Üben zum Erfolg führen.
Mögen wir alle zu uns kommen.
Mögen alle Wesen Erfüllung finden.

Meine **Danksagung**

gilt allen meinen Schülerinnen und Schülern. Sie haben ihr Üben mit mir geteilt und mir geholfen, zur Lehrmeisterin zu werden. Dafür bin ich ihnen sehr dankbar. Meine Freundin Martha Ley half mir bei der Ausarbeitung des Manuskripts. Sie hörte mit kritischem Ohr und vollkommen aufgeschlossenem Herzen zu.

Dafür danke ich dir, Martha.

I.

DIE VORBEREITUNG AUF DIE ZEIT DER STILLE

Nichts tun – aber richtig

Als ich das Angebot zum Schreiben dieser Anleitung erhielt, war ich entzückt. Aber kurz danach begann schon das Kopfzerbrechen. „Meine Güte", kam mir, „in einer Anleitung sagt man, was die Leute tun sollen. Kann ich so einfach daherkommen und sagen: ‚Tut nichts, aber tut das richtig'?"

Mir fielen verschiedene buddhistische Rituale ein. In manchen Traditionen pflegt man bestimmte Zeremonien, Gebete und Gesänge, zum Teil wunderschöne. Doch kaum waren sie mir eingefallen, schlug ich sie mir wieder aus dem Kopf. Bei der Übung der Achtsamkeit müssen wir unserer üblichen Erfahrung nur eines hinzufügen: die stille Aufmerksamkeit.

Achtsamkeit, waches Sehen bedeutet, das Glück des unkomplizierten Augenblicks wahrnehmen. Wir machen jeden Augenblick kompliziert. Es geschieht fast nichts, ohne dass unser Geist daraus ein hochkompliziertes Gebilde spinnt. Und weil wir alles so kompliziert machen, wird unser Leben schwieriger, als es sein müsste.

Vor etlichen Jahren ging mir einmal deutlich auf, wie ich immer wieder aus neutralen Fakten Überzeugungen ableite, die mir dann wehtun. Ich telefonierte damals mit einem Kloster, um mich für ein persönliches Retreat anzumelden. Die Person am Telefon gab mir zur Antwort: „Das müssen Sie mit Pater Robert, dem Exerzitienmeister, ausmachen." Ich hinterließ also eine Nachricht für Pater Robert, und man versicherte mir, er werde mich zurückrufen. Am Tag danach fand ich auf meinem Anrufbeantworter eine Nachricht von Pater Robert, er habe mich anzurufen versucht. Am darauf folgenden Tag rief ich wieder an und erhielt die Auskunft, Pater Robert sei nicht da. Ich erklärte, dass ich bereits Pater Robert angerufen und er zurückgerufen hätte und ich nun wieder anrufe, um ihn zu erreichen. Außerdem unterstellte ich eine Deutung der Lage, indem ich hinzufügte: „Vielleicht ist das ein Zeichen, dass ich mein Retreat gar nicht in Ihrem Haus verbringen soll." Mein Gesprächspartner erwiderte darauf: „Ich glaube, es ist nur ein Zeichen dafür, dass Pater Robert nicht da ist." Er hatte natürlich Recht. Ich hatte die Lage komplizierter gedeutet, als sie war.

Bei der Übung der Achtsamkeit handelt es sich darum, alles ohne unnötige Komplikationen zu sehen. Mit dieser Übung muss man nicht warten, bis man eine Gelegenheit zu einem Retreat findet. Auch muss man für diese Tage der Stille überhaupt nicht *weggehen*. Wenn Sie sich ohne große Schwierigkeiten Zeit und Raum für Ihr Retreat verschaffen können, ist das wunderbar. Tatsächlich ist es hilfreich, einmal nicht dauernd von seiner Familie abgelenkt zu werden und für sich sein zu können. Aber wenn Sie Ihr Haus nicht ohne weiteres für einige Tage verlassen können, können Sie sich eine solche Zeit der Besinnung auch daheim nehmen, indem Sie sich gegen das ständige Zerstreutwerden durch Ihre Familie abschirmen, das Telefon abschalten und ein Schild aufhängen: „Bitte nicht stören – dreitägige Besinnungszeit".

Die Übungen, die zum Retreat gehören, beginnen vor dem Retreat. Sie beginnen mit dem *Entschluss*, diese Übungen zu machen, mit der Absicht, achtsam zu sein. Sie haben bereits damit angefangen.

Auf das Weltbild kommt es nicht an

Die Achtsamkeit können Sie üben, ohne sich den Kopf darüber zu zerbrechen, ob Sie gegen Ihre religiösen Überzeugungen oder Ihre Glaubenszugehörigkeit verstoßen. Natürlich, der Buddha hatte tatsächlich ein Weltbild, das von dem Ihren verschieden ist, und es stimmt auch, dass der Buddha die Achtsamkeit als eine Hauptübung lehrte; er lehrte jedoch nicht, sein Weltbild und die Achtsamkeit seien innerlich voneinander abhängig.

Eine bekannte buddhistische Geschichte handelt von einem Anfänger im Mönchsleben, der sich beim Buddha beschwerte, er habe bezüglich seines Weltbilds nicht genügend Auskunft erhalten. (Stellen Sie sich das vor: Er beschwerte sich beim *Buddha!*) In der Geschichte stimmt der Buddha dem Anfänger zu, sagt aber, intellektuelle Formulierungen seien nicht dazu angetan, das Leiden zu beenden. Um das zu veranschaulichen, sagte er, man solle sich vorstellen, jemand werde von einem Giftpfeil getroffen und wolle erst ganz genau erfahren, wie es zu diesem Schuss gekommen sei, bevor er sich den Giftpfeil herausziehen lasse. Wahrscheinlich wäre er längst tot, bevor man ihm alles ausführlich erklärt hätte. Die richtige Reaktion auf den Schuss und das Leiden sei, auf der Stelle den Giftpfeil herauszuziehen; genauere Erklärungen hätten Zeit. Würde der Buddha heute leben, dann würde er als Beispiel vielleicht den Fall von jemandem nennen, der von einem Auto überfahren wird und von Sanitätern möglichst schnell auf die Intensivstation gebracht wird. Der Angefahrene verliert keine Zeit mit Ermittlungen über den Hergang des Unfalls; das überlässt er der Polizei. Die klügste Reaktion ist die unverzügliche Behandlung des Leidens.

Der Buddha lehrte, die Achtsamkeit sei das genaue Gegengift zum Leiden, weil sie zur Weisheit führe. Ich stelle mir das gern so vor, dass die Übung der Achtsamkeit ein Weg dazu ist, weise zu werden, aber dass man bereits weise *ist*, wenn man sie übt.

Weise zu werden ist ein schrittweiser Prozess. Wenn man in allen Situationen in aller Ruhe auf das achtet, was ist, fängt man an, klar das Leben zu erfahren. Man nimmt dann wahr, dass Schmerz wie Freude unvermeidlich sind und dass beides von vorübergehender Natur ist. Immer öfter entsinnt man sich dann auch, dass das Sich-Wehren zum Leiden führt, einfühlsame, bedächtige Reaktionen hingegen das Leben wesentlich erträglicher machen. Manchmal vergessen wir das. Das Langzeit-Ziel des Übens ist, das nie zu vergessen.

Die Tatsache, dass ein achtsamer Mensch *weise ist*, wird gleich in dem Augenblick wahr, in dem man sich auf den Weg zum Ziel macht, das nie zu vergessen, also hier und jetzt. Bei der Übung der Achtsamkeit pflegt man die innere Haltung, sich nicht deshalb über das Leben zu ärgern, weil es nicht so verläuft, wie man es gern hätte. Unangenehme Situationen erfordern ausgewogene Reaktionen. Den Ärger kann man sich dabei sparen. Bei der Übung der Achtsamkeit entwickelt man auch die Fähigkeit, angenehme Erfahrungen zu genießen, solange sie andauern; man beklagt sich jedoch nicht, dass sie vergehen. Kein Augenblick lässt sich festhalten, auch wenn die Werbung behauptet, mit Fotografieren oder Filmen sei das möglich. Wenn man die Achtsamkeit übt, bedeutet das, dass man so *handelt*, als wäre man bereits erleuchtet.

„Wessen Großmutter ist denn schon Buddhistin?"

Meine Freundin Jean erzählte mir, sie habe unter ihrer Dachtraufe ein riesiges Hornissennest entdeckt. Ihre achtjährige Enkelin Courtney, die zur Zeit bei ihr sei, habe davor Angst und wolle nicht mehr ins Freie gehen. Auch Jean war es höchst unangenehm, mit so vielen Hornissen unter einem Dach zu leben, und sie sann auf Möglichkeiten, die Hornissen zu entfernen.

Courtney spürte, dass ihre Großmutter zögerte, ob sie unverzüglich etwas unternehmen solle, und sie fragte sie: „Auf was wartest du?"

Jean gab ihr zur Antwort: „Ich überlege. Auch mir sind diese Hornissen hier sehr lästig, aber die Buddhisten wollen keinem Lebewesen Schaden zufügen…"

Courtney sah zu Jean mit dem schrägen, skeptischen Blick auf, der Kindern eigen ist, wenn sie mutmaßen, jemand wolle sie anführen. Schließlich schüttelte sie ungläubig den Kopf. „Ach was", sagte sie, „wessen Großmutter ist denn schon Buddhistin?"

Ich nehme an, Courtney wollte eigentlich sagen: „Hör mal, du kannst mich nicht plötzlich in einen anderen Kulturkreis versetzen!" Wenn man die Achtsamkeit übt, heißt das nicht, dass man Buddhist wird. Es heißt nur, dass man wie ein Buddha lebt.

Warum meditieren?

Der Buddha lehrte nicht viel über die Meditation. Das meiste, was er lehrte, bezieht sich auf das Leiden. Er zeigte auf, wie der Geist infolge seiner dauernden Jagd nach angenehmen Erfahrungen und seines ständigen Fortlaufens vor unangenehmen Erfahrungen verwirrt und müde wird. Nicht die angenehmen und unangenehmen Erfahrungen, die Freuden und Leiden, die jeder erfahre, seien das Problem, sondern dieses Jagen und Fortlaufen, denn das versetze den Geist in eine ungute Spannung. Diese Spannung bezeichnete der Buddha als Leiden.

Manche Menschen erfassten die Lehre des Buddha derart vollkommen, dass bei ihnen für immer die Gewohnheit ihres Geistes, ständig hinter Dingen herzujagen oder vor ihnen fortzulaufen, aufhörte (in den überlieferten Schriften heißen die Begriffe für diese Fehlhaltungen *Anhaftung* und *Abneigung*). Sie wurden als *arhat*, „erleuchtete Wesen" bezeichnet. Alle anderen leitete der Buddha zu ganz bestimmten Übungen an.

Die grundsätzliche Haltung des Meditierens, die der Buddha lehrte, wird als *Achtsamkeit* bezeichnet. Damit ist das entspannte, nicht anhaftende und nicht abgeneigte Achten auf die gegenwärtige Erfahrung gemeint. Man kann sie sich als natürliche Fähigkeit vorstellen, die aber wie jede andere Kunst der bewussten Übung und Weiterentwicklung bedarf. Ein Retreat bietet eine besondere Gelegenheit zu dieser Übung.

Die Anleitung, die der Buddha für die Übung der Achtsamkeit verfasste, ist eine Lehrrede mit dem Titel „Die Grundlagen der Achtsamkeit". Mich inspiriert es jedesmal wieder neu, wenn ich den Anfangsabschnitt lese: „Das ist der einzige Weg ... zum Überwinden von Trauer und Klage, zum Zerstören von Schmerz und Leid." Es ist eine ganz atemberaubende Möglichkeit.

Im weiteren Verlauf dieser Predigt weist der Buddha vier Wege zur Achtsamkeit. Auch in der vorliegenden Anleitung sollen diese vier Methoden vorgestellt werden. Im Wesentlichen geht es dabei um die Übungen, in voller Achtsamkeit zu sitzen sowie ganz aufmerksam zu gehen.

Wie alle anderen Künste auch, wird die Achtsamkeit nach einiger Zeit des Übens etwas, was man mühelos und wie von allein tut. Ich kann stricken und gleichzeitig über irgendetwas nachdenken, ohne eine Masche fallen zu lassen. Meine Freundin Alta konnte sogar im Kino stricken. Zu Anfang der Meditationsübung muss man *daran denken*, dass man achtsam sein will. Nach einiger Zeit kann man gar nicht mehr anders.

Wozu sich eigens zu einem Retreat zurückziehen?

Da es sich bei der Übung der Achtsamkeit eher um eine bestimmte Art des in der Welt Seins als um eine spezifische Technik handelt, die man nur unter bestimmten Umständen üben könnte, wirkt es extravagant, sich zu einem Retreat zurückzuziehen. Wenn das Ziel der Übung das hellwache, ausgeglichene Gegenwärtigsein im Leben ist, warum soll man das dann nicht mitten im Leben praktizieren, sondern in der Abgeschiedenheit?

Es gibt einen guten Grund dafür. Natürlich ist die Wahrheit in jedem Augenblick zugänglich, und wir können genauso gut mitten im Supermarkt zur Weisheit und Freiheit erweckt werden wie auf dem Sitzkissen während eines Retreats. Aber ein Retreat ist von eigener Qualität. Hier sind die Zerstreuungen stark reduziert. Hier fällt vieles weg, mit dem wir uns selbst ablenken können. Hier ist uns weithin die Möglichkeit entzogen, uns vor uns selbst zu verstecken, und so ist die Wahrscheinlichkeit größer, dass wir uns nach einem Retreat etwas besser kennen als vorher.

Aber die Selbsterkenntnis ist nur der Anfang. Das befreiende Verstehen ergibt sich mehr daraus, zu sehen, wie alle *Dinge* sind als wie *wir selbst* sind. Wenn wir die Wahrheit der Ursache und des Endes des Leidens sehen, fangen wir an, freier leben zu können. Kann man ohne alle Ablenkungen allein sein, so sind das ideale Bedingungen dafür, mit dem richtigen Sehen anzufangen.

Ich wurde durch die Begeisterung meines Mannes dazu motiviert, mich zum ersten Mal zu einem Retreat zurückzuziehen, um die Achtsamkeit einzuüben. Er kam von seinem ersten zehntägigen Kurs zurück und sagte: „Syl, das ist großartig. Das musst du unbedingt auch machen." Einige Monate später beschrieb ich meine eigene Erfahrung einem Bekannten. Vermutlich schilderte ich ihm zu genau den strikten Tagesplan und die spartanische Kost. Diese Aspekte beeindruckten ihn nicht besonders. Er kommentierte meine Erzählung mit den Worten: „Ich kann das nicht glauben, dass du zwei Wochen allein herumgesessen bist und nichts getan hast, als zu meditieren!"

Während meines ersten Retreats ereignete sich überhaupt nichts Wunderbares oder Dramatisches. In meinem Geist spielte sich ganz und gar nichts Exotisches ab, noch kam mir irgendeine besondere Einsicht über etwas. Die meiste Zeit kämpfte ich gegen Zerstreuung und Schläfrigkeit an und fühlte mich körperlich unwohl. Es fiel mir sehr schwer, mich zu konzentrieren, und ich verstand nicht ganz, was mit *achtsam* genau gemeint war. Aber das, was während des Kurses über das Leiden ausgeführt wurde, faszinierte mich. Wenn tatsächlich in diesem meinem Leben und in diesem meinem Körper der Friede des Geistes möglich war, dann war ich durchaus bereit, ganz allein still zu sitzen und mich in Achtsamkeit zu üben.

Die Einteilung der vorliegenden Anleitung ist für ein dreitägiges Retreat angelegt. Man kann sie auch auf ein längeres Retreat ausdehnen. Dazu braucht man nur für die weiteren Tage jeweils die Anleitung für den zweiten Tag zu verwenden. Für den Abreisetag verwendet man immer den dritten Tag dieser Anleitung, auch wenn es in Wirklichkeit vielleicht der siebte Tag ist.

Ganz unabhängig von der Länge Ihres Retreats gilt immer die abschließende Anweisung: „Gehen Sie jetzt heim und machen Sie unablässig damit weiter, achtsam zu sein."

So einfach wie möglich

Alle mit einem Retreat zur Einübung der Achtsamkeit verbundenen *komplizierten* Tätigkeiten haben ihren Platz vor Beginn des Retreats. Wenn Sie für eine solche Zeit weggehen, müssen Sie zunächst einmal den Ort dafür finden. Im Idealfall wäre das ein ganz stiller und von Ablenkungen freier Ort; er muss jedoch nicht weit abgelegen sein. Eine Hütte in freier Natur wäre natürlich wunderbar, aber ein stilles Hotelzimmer mitten in der Stadt kann es genauso gut tun. Außerdem gibt es im ganzen Land Retreatzentren und Klöster, wo ebenfalls die Möglichkeit geboten wird, sich für sich allein zurückzuziehen. Die Gäste haben dort oft die Wahl, ob sie ihre Mahlzeiten mit der betreffenden Gemeinschaft oder den anderen Gästen zusammen einnehmen oder sich lieber ihr Essen aufs Zimmer bringen lassen wollen. In manchen Zentren stehen den Gästen separate Häuschen mit Kochgelegenheit zur Verfügung, so dass sie sich selbst versorgen können.

Selbst wenn Sie sich nur um die Ecke in das Gartenhäuschen von Bekannten zurückziehen, ist eine Reihe organisatorischer Fragen zu klären. Sie müssen sich den Raum reservieren, vielleicht Reisevorbereitungen treffen, Ihre Sachen packen, den Text auf Ihrem Anrufbeantworter ändern, Ihre Katze bei jemandem in Pflege geben, kurz: Für alles, wofür Sie verantwortlich sind, muss gesorgt werden. Wenn Sie es so einrichten können, dass Ihnen Ihre Mahlzeiten zu genau bestimmten Zeiten geliefert werden, ist das sehr hilfreich. Haben Sie vor, selbst zu kochen, dann halten Sie die Gerichte einfach. Halten Sie *alles* einfach. Wenn man alle äußeren Umstände dieser Einkehrzeit sehr einfach und anspruchslos hält, trägt das dazu bei, dass die Reaktionen von Herz und Geist deutlicher zutage treten.

Je weniger Aufwand man für seine äußere Erfahrung macht, desto intensiver stimmt man sich auf seine innere Erfahrung ein. Stellen Sie sich vor, Sie gehen ins Theater, und gerade wenn der Vorhang aufgeht, rückt ein Trupp Bauarbeiter an, um mit Presslufthämmern die Umkleideräume direkt hinter den Kulissen abzureißen, und draußen auf der Straße zieht der Faschingsumzug vorbei. Wahrscheinlich könnten Sie sich dann kaum auf das Theaterstück konzentrieren und würden gar nicht recht mitbekommen, um was es geht.

Wenn man imstande ist, seine Erfahrung bis in ihre Einzelheiten zu beobachten, erkennt man deutlich, dass der eigene Geist ständig wie beim Pingpong-Spiel zwischen Lust und Unlust bezüglich jedes einzelnen Dings hin- und herspringt. Solange man nicht klar erkennt, wie dieses Spiel abläuft, kann man auch gar nicht wissen, dass man willentlich in den Ablauf eingreifen kann.

Paul Revere ließ in den Ehering, den er seiner Frau ansteckte, die Worte eingravieren: „Live Contented", wörtlich: „Lebe in Zufriedenheit". Das klingt wie eine Anweisung und nicht wie einer der ansonsten üblichen, eher romantischen Sprüche für Eheringe; aber ich glaube, dieser Wunsch ist ein großartiges Hochzeitsgeschenk. Ich wollte, jemand hätte mir, lange bevor ich das vom Buddha lernte, gesagt, dass man sich für ein Leben in Zufriedenheit *entscheiden* kann.

Nehmen Sie möglichst wenig mit

Marys Mantra

Bei der Vorbereitung eines Retreats zum Einüben in die Achtsamkeit ist das, was am *wenigsten* Aufwand bedeutet, das Packen. Nehmen Sie die üblichen Dinge mit, die Sie brauchen, wenn Sie auch sonst wo für so viele Tage hingehen: Kleider, um sich warm (oder leicht) genug anziehen zu können, Kamm, Zahnbürste, Seife, Zahnpasta – ein Minimum an Hygieneartikeln, nicht mehr, als eine Nonne oder ein Mönch mit sich führen würde. Bücher nehmen Sie keine mit, außer diese Anleitung. Auch Ihr Tagebuch lassen Sie daheim. Ihren Walkman brauchen Sie auf keinen Fall. Um sich gut an Ihre Tagesordnung halten zu können, nehmen Sie einen Wecker mit einem sympathischen Weckzeichen mit. Mehr brauchen Sie nicht.

Vor Jahren aß ich in meiner Küche mit meiner Freundin Mary zu Mittag. Am Nachmittag dieses Tages unterrichteten wir gemeinsam eine Klasse, und während des Essens besprachen wir in unserer üblichen unkomplizierten Weise unseren Lernstoff. Als es Zeit war, zogen wir unsere Jacken über, schnappten unsere Bücher und Zettel und gingen zur Tür.

„Halt, warte noch schnell!", sagte ich, während ich mir den Stapel Zeug anschaute, den ich in der Hand hielt. „Ich glaube, ich habe noch nicht alles, was ich brauche!"

„Meine Liebe", entgegnete mir daraufhin Mary mit ihrer unbezwinglich autoritären Stimme, „du hast *nie* alles, was du brauchst!"

Während meiner fünfundzwanzigjährigen Unterrichtstätigkeit hat mir dieses Mantra Marys schon viel geholfen.

Ich habe es mir schon unzählige Male wiederholt, da es direkt vor Antritt des Unterrichts eine gute Übung für das Sichkonzentrieren und Ruhigwerden ist. Natürlich hätte ich *immer* noch mehr planen, noch mehr vorbereiten, noch mehr Material mitbringen können. Aber trotzdem ist mein Unterricht immer ganz gut geworden. Was ich dabeihatte, hat immer gereicht.

Mit dem Leben insgesamt ist es ganz ähnlich. Natürlich könnten wir immer wieder viel besser darauf vorbereitet sein. Doch meistens schaffen wir es ohne Anleitung. Meistens kommt es überraschend. Wenn wir etwas zu genau planen, kommt es sogar meistens ganz anders. Vielleicht kommt es sogar *immer* anders, wenn wir uns etwas vorher zu exakt zurechtlegen. Trotzdem schaffen wir es immer irgendwie. Bei der Übung der Achtsamkeit geht es darum, alles mit einer inneren Leichtigkeit zu schaffen.

Packen Sie also möglichst wenig ein. Es gibt immer *etwas*, das Sie auch noch hätten mitnehmen können und das Ihre Erfahrung noch schöner hätte werden lassen: einen wärmeren Pullover, eine Zahnpasta mit besserem Geschmack, ein härteres Sitzkissen, einen zusätzlichen Schal. Dieses Gefühl ist die ganz natürliche Reaktion auf die Wahrheit, dass unser Körper nur sehr schwer so weit zu bringen ist, dass er sich rundum wohlfühlt. Wenn man ihm dauernd nachgibt, macht er endlos weiter. Unser Körper beansprucht ein gewisses Maß ständiger Sorge darum, dass er sich wohlfühlt. Oft meinen wir, wenn wir ihm nur ein *bisschen mehr* Bequemlichkeit verschaffen würden, wäre er länger sorglos zufrieden. Das kann sein, aber er ist immer nur ein *bisschen länger* zufrieden, und auf lange Sicht würden wir mit der immer neuen Sorge, ihn ganz zufriedenzustellen, nur unsere eigentliche Aufgabe vor uns herschieben: uns in jene Achtsamkeit einzuüben, bei der es darum geht, etwas in unserem Herzen zu verändern.

Die Achtsamkeit ist unsichtbar und begleitet uns überallhin.

Machen Sie sich auf den Weg.

„Es ist ja bloß ein Wochenende"

Stellen Sie sich das Achtsamsein als „glückliches Nichtstun" vor. Erwarten Sie keinen radikal anderen Bewusstseinszustand – es sei denn, ein Gefühl des Glücks und der Entspannung sei für Sie etwas radikal anderes. Einen Zustand des Glücksgefühls und Entspanntseins werden Sie *vermutlich* erreichen. Die Heilung bestimmter Wunden Ihres Herzens wird vielleicht *anfangen*. Aber wenn man bestimmte Ziele im Auge hat, macht das eine Angelegenheit, die grundsätzlich ganz einfach sein sollte, unnötig und auf unrealistische Weise kompliziert.

Ich erinnere mich noch gut an ein Retreat vor vielen Jahren, bei dem ich während der Vorbereitungsphase, die dem Eingewöhnen diente, am Freitagnachmittag meinem Lehrer Jack Kornfield im Flur über den Weg lief. Ich muss ein besonders entschlossenes Gesicht aufgesetzt haben, denn wir waren kaum aneinander vorbeigegangen, als Jack mir nachlief und auf die Schulter klopfte. Er sagte dabei zu mir: „Sylvia, entspanne dich. Es ist ja bloß ein Wochenende."

Diese Warnung soll nicht heißen, man brauche alle Hoffnung auf heilende Erfahrungen aufzugeben. Nein, man kann sich von solchen Wochenenden sogar *tiefgreifende* Heilungen erhoffen. Jederzeit, selbst in diesem gegenwärtigen Augenblick, kann sich einem eine neue, befreiende Einsicht auftun. Gemeint ist damit nur: „Erwarten Sie nicht gespannt ein *bestimmtes* Ergebnis." Wer weiß schon, welche verblüffende neue Einsicht schon um die nächste Ecke auf Sie wartet? Wenn man angestrengt nach etwas ganz Bestimmtem ausschaut, kann einen das davon ablenken, etwas tatsächlich Großartiges zu sehen. Unser Geist hat einen unglaublichen Hang dazu, sich das selbst zu verschaffen, was er wirklich braucht. Wenn wir uns in die Achtsamkeit einüben, lassen wir ihm die Zeit und den Raum, den er dazu benötigt.

II.

ERSTER TAG:
TAG DER ANKUNFT

Tagesordnung für dieses Retreat

Erster Tag: Anreise

Spätnachmittag: Ankunft, Auspacken. Vertrautmachen mit der Umgebung. Herrichten des Meditationssitzes – Kissen oder Stuhl. Erkunden von Möglichkeiten zum Gehen innerhalb und außerhalb des Hauses, Abendessen.

Abend: Sitzen – für sich sein/Nachdenken
Gehen
Sitz-Anleitungen
Späte Teezeit
Bettruhe

Zweiter Tag: Ein Tag, ausgefüllt mit Übungen

7.00	Aufstehen, Anziehen, Sitzen bis zum Frühstück
7.30	Frühstück
8.15	Sitzen
9.15	Gehen
10.00	Sitzen
11.00	Gehen
12.00	Mittagessen
14.00	Sitzen
15.00	Gehen
16.00	Sitzen
16.30	Gehen
17.00	Abendessen

18.00	Austausch bei der meditativen Dharma-Aussprache
19.00	Gehen
20.00	Sitzen
21.00	Späte Teezeit

Dritter Tag: Tag der Heimreise

7.00	Aufstehen, Anziehen, Sitzen bis zum Frühstück
7.30	Frühstück
8.15	Sitzen; Nachdenken über die Gebote Informelle Einübung in die „liebevolle Güte" Formelle Einübung in die „liebevolle Güte"

Während meines Retreats sind es zwei innere Stimmen, die mir Mut zusprechen. Die eine ist die Stimme meines Trainers, der einmal in der Halbzeit im Mannschaftsraum zu mir gesagt hat: „Häng dich rein, Sylvia. Gib dein Letztes. Du schaffst es!" Die andere ist die Stimme meiner Großmutter, von der ich höre: „Du machst das großartig. Einen Fehler kannst du überhaupt nicht machen. Komm, mach jetzt eine Teepause."

Der „Jetzt-eine-Teepause"-Teil von mir neigt dazu, in diesen Tageslauf einige mildernde spontane Pausen einzuführen: „Übertreiben musst du's ja nicht…" oder „Wenn's dich anmacht…" oder „Na ja, jetzt hast du gerade Lust…"

Aber ich glaube, das ist keine besonders hilfreiche Einstellung. Diese exakte Tagesordnung hat ihren vernünftigen Grund. Sie hat sich schon bei zahllosen Menschen bewährt.

Es ist gut, wenn man sich zu Beginn vornimmt, dass man sich an diese Tagesordnung so genau wie möglich halten will. Aber denken Sie trotzdem immer daran: Was immer geschieht, Sie machen nichts falsch. Und wenn es Ihnen wirklich zu schwer wird, machen Sie tatsächlich eine Teepause.

Auspacken

Wenn man in einem Retreatzentrum ankommt, verwendet man gewöhnlich einige Zeit darauf, sich einzurichten und auf den Rhythmus des Ortes einzustimmen, bevor man sich auf seinem Meditationssitz niederlässt. Tun auch Sie das an dem Ort, den Sie sich für Ihr Retreat gewählt haben, und lassen Sie sich dafür so viel Zeit, wie Sie brauchen. Denn wenn Sie das nicht tun, ist Ihr Bewusstsein beim Hinsitzen noch ganz zerstreut oder noch mit Ihren Alltagssorgen beschäftigt. Dass man erst einmal einige Gänge zurückschaltet, ist schon in sich eine wichtige Übung.

Packen Sie also aus, spazieren Sie ein wenig in Ihrer Umgebung herum und machen Sie sich mit ihr vertraut. Machen Sie sich nicht übereilt an Ihre „eigentliche" Übung. Diese Einstimmung gehört bereits zum „richtigen" Üben. Nichts zu übereilen und voll auf jeden kleinen Augenblick aufmerksam zu sein, ist sowohl die Technik dieser Übung als auch ihr Ziel.

Bei uns sind manchmal die Ränder der Autonummernschilder mit Sprüchen verziert wie: „I'd rather be sailing" oder „I'd rather be bowling" – „Ich wäre lieber beim Segeln" oder „Ich wäre lieber beim Kegeln". Manchmal finde ich diese Sprüche, die mit „Ich wäre lieber…" anfangen, ganz amüsant, weil sie etwas über den Fahrer verraten. Doch dann muss ich wieder denken, dass dieser Wunsch, gerade immer eigentlich lieber etwas anderes tun zu wollen, dem gegenwärtigen Augenblick seine Fülle nimmt. Vielleicht wäre es lohnend, stattdessen Nummernschilder zu vertreiben, auf denen „Ich bin mit dem Hier und Jetzt völlig zufrieden" steht.

Erledigen Sie alles, was noch zu tun ist. Machen Sie immer nur eines auf einmal. Stellen Sie das Telefon ab. Packen Sie vergnügt aus. Leben Sie in Zufriedenheit.

Besinnung auf die Zuflucht

Formelle Retreats zur Einübung in die Achtsamkeit beginnen damit, dass man die formellen buddhistischen „Gelübde" der Zuflucht spricht:

Ich nehme Zuflucht zu Buddha;
Ich nehme Zuflucht zum Dharma;
Ich nehme Zuflucht zur Sangha.

Setzen Sie sich in einer bequemen Haltung hin. Entspannen Sie sich. Schließen Sie die Augen. Denken Sie an all die Umstände, die Sie zu dieser Übung geführt, und an alle Menschen, die Ihnen dieses Retreat ermöglicht haben. Wenn ich sage: „Ich nehme Zuflucht zum Buddha", denke ich: „Mich ermutigt es sehr, dass Siddharta Gautama, ein Menschenwesen wie ich, eine Art und Weise gefunden hat, dieses unvermeidlich mit Schmerz und Verlust verbundene Leben zu führen, ohne zu leiden. Er ist erwacht; das kann ich auch. Er ist frei geworden; das kann ich auch." Dieser Gedanke inspiriert mich.

Wenn ich sage: „Ich nehme Zuflucht zum Dharma", denke ich: „Ich bin so froh, dass der Buddha zu *Methoden* für das Erwachen angeleitet und sie immer und immer wieder gelehrt hat und dass seine Schüler sie über viele Generationen weitergegeben haben, bis sie jemand aufgeschrieben hat, so dass auch ich sie heute lernen kann." So bin ich nicht genötigt, das Rad selbst neu zu erfinden. Ich kann mich auf ein Produkt verlassen, das sich schon 25 Jahrhunderte lang bewährt hat.

Wenn ich sage: „Ich nehme Zuflucht zur Sangha", denke ich an meine Familie, die mich immer zum Meditieren ermutigt hat, daheim wie auswärts, und an meine vielen

Bekannten und Freunde, deren Sympathie mich begleitet. Selbst wenn ich ganz allein ein Retreat durchführe, fühle ich mich nie allein. Gern stelle ich mir lebhaft die Menschen vor, die mich nah und fern unterstützen, während ich übe, und es macht mir Freude, mein Üben nicht nur meinem, sondern auch ihrem Wohlbefinden zu widmen.

Wenn ich meine Übung stellvertretend für alle Menschen veranstalten kann, die ich kenne, ist es nur ein kleiner (allerdings sehr aufregender) Schritt zur Auffassung, die die Buddhisten haben, dass wir unsere Übung stellvertretend für alle Lebewesen auf der ganzen Welt machen. Eine klassische Art, eine Übungszeit zu beginnen oder abzuschließen, besteht darin, die folgenden Worte zu sprechen:

Möge ich Frieden finden.
Möge ich glücklich sein.
Mögen alle Lebewesen Frieden finden.
Mögen alle Lebewesen glücklich sein.

Gehen und alles neu sehen

Machen Sie jetzt einen Spaziergang, im Freien oder durch das Haus, je nachdem, was sich anbietet. Begeben Sie sich auf einen Weg, der irgendwohin führt, aber kein festes Ziel hat. Mit anderen Worten: Nehmen Sie sich nicht schon vor Beginn vor, an welchem Punkt Sie umdrehen wollen. Auf diese Weise kann Ihr Spaziergang eine ganze Reihe von Überraschungen bringen. Sehen Sie sich alles mit ganz neuen Augen an.

Suzuki Roshi, ein großartiger japanischer Zenlehrer, der Gründer des Zen-Zentrums in San Francisco, beschrieb den „Anfängergeist" als den Geist, der die Fähigkeit hat, jeden Augenblick als einen völlig neuen Augenblick zu erleben. Er sagte, diese Haltung des erwartungsvollen Interesses mache den Geist für das Verstehen aufgeschlossener. Ich glaube, Suzuki Roshi wollte damit sagen, dass sich unsere Sicht der Dinge stark einschränkt, wenn wir uns daran gewöhnen, an das Leben immer wieder mit einer einmal gefassten Meinung heranzugehen; wir haben dann für vieles gar keinen Blick mehr, und die Wahrheit bleibt uns verborgen. So legte er den Meditierenden dringend nahe, sich an jede Übungssitzung mit der gleichen Neugier und Hoffnung zu begeben, die sie vor ihrer allerersten Sitzung hatten.

Ich entsinne mich, wie Frederick Spiegelberg, ein emeritierter Professor der Theologischen Fakultät, einmal seinen allerersten Anflug von religiöser Achtsamkeit beschrieb. Er erzählte: „Ich war vielleicht drei oder vier Jahre alt und mit meiner Mutter daheim in unserer Wohnung im zweiten Stock mitten in Frankfurt. Meine Mutter und ich schauten aus dem Fenster auf die Straße hinunter, auf die Bäume und Menschen, die Autos und das geschäftige Treiben. Plötzlich wurde das Gesicht meiner Mutter ganz nachdenklich, von Ehrfurcht ergriffen, und sie sagte ganz sanft und ernst zu sich selbst: ,Was gibt das alles?'"

Es waren schon mindestens achtzig Jahre seit dem Augenblick vergangen, als Professor Spiegelbergs Mutter ein ganz gewöhnliches, schon tausendmal gesehenes Schauspiel mit staunenden Augen betrachtet hatte; aber als er das beschrieb, hatte man das Gefühl, seinem Empfinden nach sei das erst gestern gewesen. Angesichts seiner langen und glänzenden Laufbahn als Religionsphilosoph fragte ich mich, in welchem Maß sie wohl durch diesen einen Augenblick ausgelöst worden war, in dem er blitzartig die Klarsicht seiner Mutter mitbekommen hatte.

Robert Louis Stevenson schrieb:
Die Welt ist erfüllt mit unzähligen Kostbarkeiten.
Wir sollten sie als glückliche Könige durchschreiten.

Kleinkinder interessieren sich noch für alles. Sie mögen bunte Spielsachen, hämmern vergnügt mit Holzlöffeln auf Topfdeckel ein und leeren den Geldbeutel ihrer Mutter auf dem Boden aus. Als ich den fünfjährigen Collin zum ersten Mal zu einem richtigen Baseballspiel ins Oakland Coliseum mitnahm, faszinierten ihn unterwegs die alten, als Puffer am Rand der Bay aufgehängten Autoreifen und die hohen Reihenhäuser in El Cerrito mindestens genauso sehr wie im Stadion das Spiel. Er sah alles zum ersten Mal.

Ein Meditations-Retreat bietet die Gelegenheit, ausnahmslos *alles* mit neuen Augen zu sehen. Bei der Übung der Achtsamkeit fügt man nichts hinzu; man konzentriert sich einzig und allein auf das Wechselspiel des Geistes mit dem, was der jeweilige Augenblick bringt, und so fällt die Möglichkeit weg, sich von etwas völlig Neuem faszinieren zu lassen. Etwas ganz Neues macht Spaß, wird jedoch alsbald zum nicht mehr Neuen. Wir jedoch hoffen, einen Geist zu entwickeln, der nicht von immer Neuem, sondern vom *Leben* fasziniert ist.

Machen Sie jetzt Ihren Spaziergang. Gehen Sie, solange Sie wollen, je nachdem, wie viel Antrieb Sie dazu haben. Morgen werde ich Ihnen einige genauere formale Anweisungen dafür geben, damit Sie sich besser auf alles, was Sie sehen, konzentrieren können und dazu noch auf die Empfindungen Ihres Körpers beim Gehen. Doch jetzt gehen Sie einfach einmal ganz aufmerksam durch Ihre neue Umgebung. Gehen Sie mit einem „Anfängergeist". Schauen Sie sich alles mit neuen Augen an.

Anleitungen und hilfreiche Ratschläge

An meinem ersten Retreat zum Einüben der Achtsamkeit nahm ich mit vierzig Jahren teil und ich genierte mich etwas, weil ich die älteste Teilnehmerin war. Viele der anderen Meditierenden waren erst unlängst in Asien gewesen. Sie aßen ihren Salat mit Stäbchen und wussten im Gegensatz zu mir immer, was gerade „in" war. Die meisten meiner jetzigen Kolleginnen und Kollegen Meditationslehrer weilten zu der Zeit, als ich in Topeka, Kansas, vorwiegend Zeitschriften wie *Good Housekeeping* und das *Ladies' Home Journal* las, zum Meditieren in asiatischen Klöstern.

Als ich dann selbst damit begann, andere die Achtsamkeit zu lehren, gab ich mir alle Mühe, nicht in den Ton von klugen Lebensratschlägen, wie man sie in Frauenzeitschriften findet, zu verfallen, obwohl ich in dieser Redeweise *denke*:

„Auf Traubensaftflecken auf dem Tischtuch träufeln Sie am besten sofort etwas Essig und waschen das Tuch dann sobald wie möglich in kaltem Wasser."

„Wenn beim Meditieren Ihre Sammlung ständig durch die Dramen Ihres Lebens beeinträchtigt wird, wählen Sie sich für Ihre Meditation einen einzelnen einfachen Gegenstand aus wie etwa Ihren Atem und konzentrieren Sie sich ausschließlich auf diesen."

„Wenn Sie *dermaßen* auf einen einzelnen einfachen Gegenstand wie Ihren Atem konzentriert sind, dass sie schläfrig werden und Ihr Geist einzudösen droht, dann konzentrieren Sie sich auf Ihren *gesamten* Körper und seine *Vielfalt* an interessanten Empfindungen, damit ihre Aufmerksamkeit wach bleibt."

Ratschläge sind hilfreich. Als mir einmal meine Lehrerin Sharon Salzberg einige Anleitungen gab – „Achte genauer darauf" oder „Tu das weniger" – sagte ich: „Mir kommt das immer vor, als bastle ich dauernd ein bisschen an meinem Geist herum."

Sie entgegnete darauf: „Alles, was wir tun, bleibt immer bloß ein Gebastel."

Stellen Sie es sich also so vor, dass Sie etwas herumbasteln, um jene ausgeglichene Wachsamkeit und Sammlung zu finden, die als Grundlage für die Entwicklung von Einsicht und Weisheit dienen. Ratschläge und praktische Hinweise sind *Krücken* für das Üben, nicht die Übung selbst. Wenn ich gefragt werde, wie mein spiritueller Weg aussieht, sage ich, dass ich mich darin einübe, weise und mitfühlend zu werden. Werde ich dann weiter gefragt, wie ich das mache, gebe ich den Betreffenden einige hilfreiche Ratschläge.

Anleitungen für die Übung der Sitzmeditation

Wählen Sie sich eine für Sie bequeme Sitzhaltung. Sie können sich dazu auf einen Stuhl, auf den Boden oder auf ein Meditationskissen oder sonst irgendwohin setzen, wo Sie sich jedenfalls entspannen und dennoch aufmerksam bleiben können. Manche meditieren sogar auf ihrem Bett und polstern sich in ihrer Haltung mit Kissen zurecht. Suchen Sie sich also die Haltung, die Ihrer körperlichen Verfassung am besten entspricht.

Wenn Sie schließlich Ihre richtige Sitzhaltung gefunden haben, nehmen Sie sich einen Augenblick oder zwei Zeit, einfach richtig *da* zu sein. Ich versuche, aufrecht zu sitzen, mit kerzengerader Wirbelsäule, und dann lasse ich meinen Körper sich ganz zwanglos und locker um sie herum anordnen. Ich stelle mir dabei vor, wie er an meinem Knochengerüst hängt, so wie ein weicher Wollmantel von einem festen Kleiderbügel im Schrank.

Lassen Sie Ihre Augen kurz alles in Ihrer Umgebung aufnehmen, und dann schließen Sie sie sanft. Wenn möglich, lächeln Sie. Das hilft dem Geist, sich zu entspannen. Und dann sitzen Sie einfach da. *Tun* Sie überhaupt nichts. Da kommen und gehen Geräusche. Da kommen und gehen Gedanken. Sie können fühlen, wo sich Ihr Körper befindet, ohne das zu sehen, denn Sie spüren ständig, wie es kribbelt, drückt, vibriert und pulsiert, und alle diese Empfindungen kommen und gehen immer wieder. Der Buddha bezeichnete alle diese Körperempfindungen als den „ersten Bereich" der Entwicklung der Achtsamkeit. In seinen Unterweisungen zur Grundlegung der Achtsamkeit sagte er, die eigenen Körperempfindungen seien der beste Ansatzpunkt für das erste Einüben der Achtsamkeit.

Wenn Sie so dasitzen, werden Sie ziemlich bald auf Ihren Atem aufmerksam werden. Vielleicht meldet er sich als regelmäßige Bewegung Ihres Bauches oder als rhythmisch wechselndes Druckempfinden im Bereich Ihres Brustkorbs. Oder Sie spüren ihn als leichtes Wehen in und um Ihre Nasenlöcher. Vielleicht beobachten Sie auch, dass Ihr Atem jedesmal, wenn er in Sie einzieht und wieder aus Ihnen strömt, der Widerhall von Empfindungen in Ihrem gesamten Körper ist. Wo immer Sie ihn spüren und in welcher Form auch immer Sie ihn wahrnehmen, verweilen Sie dabei. Lassen Sie Ihre Aufmerksamkeit ganz bei der Bewegung Ihres Atems verweilen. Wenn sie von ihm abschweift – was sie bestimmt tun wird! –, dann holen Sie sie wieder behutsam zu ihm zurück und verweilen Sie wieder dabei.

Bevor Sie sich setzen, nehmen Sie sich eine bestimmte Zeit dafür vor, wie lange Sie sitzen bleiben wollen. Für den Anfang sind dreißig Minuten ganz gut.

Fangen Sie jetzt an.

Frage

Jetzt komme ich nicht mehr mit! Ich hatte Sie so verstanden, dass die Achtsamkeitsmeditation darin bestehe, grundsätzlich achtsam zu sein, also für alles ganz aufmerksam zu sein. Jetzt sagen Sie, ich solle nur auf meinen Atem achten. Widersprechen Sie damit nicht sich selbst?

Das ist eine wichtige Frage! Doch, das klingt so, als widerspräche ich mir selbst. Tatsächlich besteht die Achtsamkeit darin, *jede* Erfahrung, die sich von einem Augenblick zum andern bietet, gesammelt und aufmerksam wahrzunehmen, und es bietet sich ja wirklich dauernd recht vieles. Ständig kommen und gehen Gedanken durch unseren Kopf. Unablässig empfindet unser Körper eine Vielzahl von Dingen: Da pulsiert, klopft und kribbelt es dauernd geschäftig, ist etwas wahrnehmbar und verschwindet dann wieder. Stimmungen und Gefühle drängeln sich pausenlos in unseren Geist und verschwinden wieder daraus. Zudem schaltet sich ständig unser Wertempfinden ein und urteilt: „angenehm"... „unangenehm"... „das tut wohl"... „das ist mir lästig" – auch wenn es sich um Kleinigkeiten handelt. Unsere Erfahrung ist etwas sehr Komplexes, und das selbst dann, wenn wir reglos und still dasitzen und die Augen geschlossen halten.

Aus diesem Grund fangen wir damit an, bei unserem Atem zu verweilen. Wenn Sie wollen, können Sie die Übung, möglichst ausschließlich bei Ihrem Atem zu verweilen, als „therapeutische Achtsamkeit" auf dem Weg zur „normalen Achtsamkeit" betrachten. Stellen Sie sich das als eine Art Aufwärm-Übung vor. Sie versuchen dabei, die Fähigkeit Ihres Geistes zu stärken, bei jeder beliebigen Erfahrung, die sich einstellt, fest und klar verweilen zu können. Wenn Sie mit acht brennenden Fackeln jonglieren lernen wollen, warten Sie ziemlich lange, bis Sie diese schließlich anzünden. Und wahrscheinlich fangen Sie mit nur zwei an. Aus dem gleichen Grund fangen wir einfach an – mit dem Atem.

Die leichteste Anweisung von allen

Die einfachsten Anweisungen für die Sitzübung habe ich bei Ajahn Amaro gehört, einem buddhistischen Mönch, der in Achtsamkeit unterweist. Er sagte: „Lass den Körper die Haltung einnehmen, in der er sich von allein wohlfühlt. Lass den Geist die Haltung einnehmen, in der er sich von allein wohlfühlt. Und dann achte einfach aufmerksam auf alles, was sich regt, um dieses natürliche Sichwohlfühlen zu beeinträchtigen."

Die einfachsten Anweisungen für die Übung des Achtens auf den Atem hörte ich von Shirley, der Röntgenassistentin, die meine Mammographie anfertigte. Ich hatte ihr erzählt, dass ich Meditationslehrerin sei.

„Ich glaube an die Meditation", sagte mir Shirley. „Ich meditiere schon mit Hingabe zwanzig Jahre lang, jeden Tag."

„Und wie machen Sie das?", fragte ich.

„Ich achte auf meinen Atem", erklärte sie mir. „Morgens stehe ich auf, wickle mich in eine Steppdecke und setze mich eine halbe Stunde auf mein Sofa. Ich schließe die Augen und fühle, wie mein Atem kommt und geht. Das ist alles. Manchmal kann ich nachts schlecht schlafen, aber auch wenn ich kaum geschlafen habe, erfrischt mich diese halbe Stunde morgens vollständig."

„Und das machen Sie jeden Tag?", fragte ich sie.

„O ja", erwiderte sie. „Es sei denn, ich stehe zu spät auf und meine Familie ist bereits wach und macht Lärm. Dann mache ich stattdessen Yoga-Übungen."

So viel statt komplizierter Anweisungen.

Tee am späten Abend

Ich habe in die Tagesordnung ein spätes Teetrinken gesetzt, weil das bei Retreats zur Übung der Achtsamkeit üblich ist. Es geht nur ums Teetrinken. Wenn Sie Tee mögen, gießen Sie sich jetzt welchen auf. Trinken Sie Ihren Tee langsam. Genießen Sie seinen Duft. Fühlen Sie die Wärme der Tasse in Ihrer Hand. Lassen Sie sich so viel Zeit, wie Sie mögen. Auch wenn Sie nicht Tee trinken, verwenden Sie diese Zeit, wie alle andere Zeit auch, darauf, stille, konzentrierte Achtsamkeit zu pflegen. Sitzen Sie still da. Versuchen Sie, Ihre Aufmerksamkeit ganz bei dem bleiben zu lassen, was Sie augenblicklich erfahren. Verwahren Sie sich gegen die Neigung Ihres Geistes, vorausschauen zu wollen, was als nächstes kommt.

Können Sie es sich trotzdem nicht verkneifen, wissen zu wollen, was als nächstes kommt, dann blättern Sie diese Seite um.

„Als nächstes kommt nichts.
Das ist alles!"

Vor einigen Jahren machte eine Karikatur von Gahan Wilson an den Schwarzen Brettern von Meditationszentren die Runde. Eine sitzende Gestalt, gehüllt in ein Gewand, das wie eine Mönchsrobe aussieht, flüstert der Person neben ihr ins Ohr: „Als nächstes kommt *nichts*. Das ist alles!"

Ich vermute, dass sich diese Karikatur ein wenig über das Meditieren lustig machen wollte, oder es sollte gesagt werden, dass nichts dahinter ist. Aber meiner Ansicht nach bringt sie recht gut die Wahrheit zum Ausdruck, dass „als *nächstes* nichts kommt". Nur das Gegenwärtige ist wirklich. Wenn das, was *jetzt* ist, ganz *klar* ist, kann man damit umgehen.

Ich habe auf meinem Schreibtisch eine dieser mit Flüssigkeit gefüllten gläsernen Halbkugeln, in denen es „schneit", wenn man sie umstülpt oder schüttelt und dann wieder hinstellt. Wenn der „Schnee" ganz zu Boden gerieselt ist, schaut mich aus der Halbkugel heraus ein einsamer Schneemann an. Während eines „Schneegestöbers" kann ich ihn fast nicht sehen. Ich habe keinen Hausaltar und ich betrachte diese Halbkugel nicht als anbetungswürdigen Gegenstand, aber wenn ich einen Altar hätte, würde ich wahrscheinlich diesen Schneemann darauf in der Mitte platzieren.

Vielleicht stelle ich irgendwann einmal vor meinen Schneemann ein kleines Schild mit der Aufschrift: „Abwarten! Alles klärt sich wieder!" Das wäre meine Art eines Glaubensbekenntnisses. Es ist kein komplizierter Glaube, keine Deutung der gesamten Weltordnung, sondern eine bescheidene, aber ernstgenommene Allerweltseinsicht: dass sich in unserem Geist genau wie in meiner Halbkugel mit dem Schneemann alles immer wieder setzt und klärt, wenn man es nur in Ruhe lässt.

Der heutige Tag war so gedacht, dass Sie erst einmal alles zur Ruhe kommen lassen. Der morgige Tag soll dann ganz der formellen Einübung in die Achtsamkeit gewidmet sein. Jetzt ist es Zeit, ins Bett zu gehen.

III.

ZWEITER TAG:
EIN TAG, AUSGEFÜLLT
MIT ÜBUNGEN

Vor dem Frühstück

Meditatives Achten auf Geräusche

Eine besondere Methode zum Einüben in die Achtsamkeit auf Körperempfindungen besteht darin, seine Aufmerksamkeit auf Geräusche zu konzentrieren. Geräusche entstehen und vergehen unablässig, wie alles andere auch. Indem man einfach auf sie hört, kann man die Einsicht in die Unbeständigkeit aller Dinge erfahren, eine Einsicht, von der der Buddha lehrte, sie sei für das Weisewerden ganz grundlegend.

Der frühe Morgen eignet sich besonders gut für das Hören. In der morgendlichen Stille regen sich die ersten Töne. Ist man auf dem Land, sind es wahrscheinlich die ersten Laute von erwachenden Vögeln und Tieren. In der Stadt setzen die ersten Geräusche der Tätigkeit draußen ein: Straßenkehrmaschinen, Lieferwagen, schlagende Autotüren, der Berufsverkehr. Selbst in einem Zimmer in den weltenthobenen oberen Etagen eines Wolkenkratzerhotels nehmen die Geräusche in den Leitungen und vom Aufzug her zu, und auf dem Gang sind immer mehr Schritte zu hören.

Setzen Sie sich so hin, dass Sie entspannt und aufmerksam sein können. Schließen Sie die Augen. Die Stille Ihrer Haltung zusammen mit dem Fehlen visueller Reize verstärkt Ihr Hörbewusstsein. Manchmal wundern sich die Leute, wie *viel* Wahrnehmungsbewusstsein verloren geht, wenn man sich, statt aufmerksam zu sein, ablenken lässt.

Wenn Ihr Körper eine bequeme Haltung erreicht hat, horchen Sie einfach. Suchen Sie nicht nach Geräuschen; warten Sie auf sie. Sie können sich den Unterschied so vorstellen wie den zwischen einem Radargerät, das die ganze

Umgebung auf der *Suche* nach einem Gegenstand abtastet, und einer Satellitenschüssel mit einer breiten Aufnahmefrequenz, die einfach auf dem Dach befestigt ist und wartet. Seien Sie eine Satellitenschüssel. Bleiben Sie eingeschaltet, aber warten Sie einfach.

Anfangs wird es Ihnen so vorkommen, als ob Sie allen Geräuschen ein Wort zuordnen würden: „Türschlagen… Aufzug… Schritte… Vogel… Flugzeug…" Manchmal werden Sie auch das Geräusch bewerten, das Sie vernehmen: „Vogel… angenehm… Reifenquietschen… unangenehm… Lachen… angenehm…" Nach einiger Zeit merken Sie dann, dass das Bedürfnis, alles zu benennen, nachlässt. Was bleibt, ist die Bewusstheit des Vorhanden- oder Abwesendseins von Geräuschen: „Ich höre… ich höre nichts… das Geräusch kommt auf… das Geräusch vergeht… angenehm… unangenehm."

Stellen Sie sich jetzt Ihre Hörmeditation als Aufwachübung für Ihre Achtsamkeit vor. Ganz gleich, wie sie abläuft – ob mit Benennungen oder ohne Benennungen, mit Gefühlen des Wohlgefallens oder solchen des Unangenehmen –, lassen Sie sie einfach geschehen: Versuchen Sie nicht, etwas Bestimmtes zu erreichen. Hören Sie einfach.

Frühstück

In unserem normalen Alltag nehmen wir oft unser Frühstück zu uns, *während* wir gleichzeitig etwas anderes tun oder *auf dem Sprung* sind, etwas anderes zu tun. An diesem Morgen tun Sie nichts anderes, als zu frühstücken. Immer, wenn wir *nichts anderes tun als* sitzen, *nichts anderes tun als* gehen oder *nichts anderes tun als* essen, kommt unser Geist zur Ruhe.

Beobachten Sie genau, wie Ihr Geist ständig die Neigung hat, sich mit etwas anderem zu beschäftigen: sich umzusehen nach etwas, das er beobachten kann, an etwas zu denken, das ihn unterhält. Jedes Mal, wenn Sie das bewusst merken und unterbinden, verringern Sie seine Neigung, wieder darauf zu verfallen. Je größer Ihre Aufmerksamkeit für die unmittelbare Erfahrung des Essens ist, desto interessanter wird diese für Sie sein.

Essen Sie jetzt ganz langsam und versuchen Sie, jeden Augenblick auszukosten.

Drei Übungen für die Sitzmeditation

Erste Übung

Bei der ersten Einführung in die Achtsamkeitsmeditation wird man gewöhnlich angewiesen, damit anzufangen, sich auf das Phänomen des eigenen Atmens zu konzentrieren. Die Achtsamkeit kann sich mit Hilfe der Konzentration auf jeden beliebigen Gegenstand richten, aber wir beginnen mit der Konzentration auf unseren Atem, weil er sich als ganz regelmäßiges Phänomen besonders gut dazu eignet. Gedanken, Gefühle, Stimmungen und Wahrnehmungen kommen und gehen. Aber das Atmen geschieht immer.

Das Atmen ist etwas Regelmäßiges. Gewöhnlich geht es ganz einfach vor sich. Körperempfindungen können angenehm oder unangenehm sein. Gedanken können faszinierend sein und den Geist dazu verführen, sich verwickelte Geschichten vorzustellen. Das Atmen hingegen hat mit seiner Gewöhnlichkeit etwas Beruhigendes an sich. Zudem führt sein ständiger Rhythmus von Kommen und Gehen unablässig die Wahrheit der Unbeständigkeit von allen Dingen vor Augen.

Sie können auf Ihren Atem in verschiedenen Teilen Ihres Körpers achten. Vielleicht möchten Sie damit beginnen, darauf zu achten, wie Sie beim Stillsitzen das Atmen ganz leicht in Ihrem ganzen Körper spüren können. Erfühlen Sie die ganz feinen Schwingungen und Auswirkungen jedes einzelnen Atemzugs, wenn er kommt und geht. Oder Sie erspüren Ihr Atmen in den Empfindungen Ihres sich weitenden und verengenden Bauchs, wenn sich Ihr Zwerchfell auf- und abbewegt. Oder Sie empfinden deutlich Ihre Atembewegung beim Aus- und Einatmen im Bereich Ihres Brustkorbs und spüren das Kommen und Gehen des leichten Drucks im Bereich unterhalb Ihrer Arme. Vielleicht empfinden Sie Ihren Atem auch besonders deutlich um Ihre Nasenlöcher als zartes Wehen beim Ein- und Ausströmen der Luft. Manchmal, wenn die Außentemperatur deutlich kälter als Ihre Körpertemperatur ist, können Sie auch beim Ausatmen spüren, wie Ihr Atem von Ihrem Körper aufgewärmt worden ist. Wenn Sie ganz genau darauf achten, können Sie vielleicht auch beim Ausatmen den ganz leichten Druck auf Ihre Oberlippe empfinden.

Sitzen Sie zwanzig Minuten lang. Verweilen Sie mit Ihrer Aufmerksamkeit dort, wo Sie Ihr Atmen am deutlichsten spüren. Immer wenn Sie merken, dass Ihre Aufmerksamkeit zu etwas anderem abgeschweift ist, lenken Sie sie wieder zu Ihrem Atmen zurück. Lassen Sie in Ihrem Geist alles andere in den Hintergrund treten.

Frage

Mein Atem ist einer der uninteressantesten Vorgänge. Kann ich ihn interessanter machen? Kann er wirklich gegenüber allem anderen in den Vordergrund treten?

Ja, das kann er! Wenn man an seinem Atem etwas Bemerkenswertes findet, kann das helfen, alles andere in den Hintergrund treten zu lassen. Dieses Phänomen, dass alles im Vergleich mit einer Sache in den Hintergrund tritt, habe ich entdeckt, noch ehe ich den Buddha kennenlernte. Das war beim Ballett. Während der Jahre, in denen meine Tochter Emily Kinderrollen im *Nussknacker* tanzte, stellte ich mir vor, ich sei die Mutter mit dem Rekord an Vorstellungsbesuchen. Wahrscheinlich war ich das nicht. Vermutlich machten die Mütter aller anderen Kinder die gleiche Erfahrung. Da tanzten regelmäßig dreißig bis vierzig bildhübsche Kinder auf der Bühne, machten im Menuett ihre Knickse und Verbeugungen, riefen ihr „Oh" und „Ah" vor dem Baum und klatschten dem Tanzbär Beifall. Die meiste Zeit hatte ich nur für ein einziges Persönchen Augen. Manchmal, vielleicht an den Tagen, an denen eine Abendvorstellung war und ich auch schon in der Matinee gewesen war, ließ ich meine Blicke kurz von Emily abschweifen und merkte, dass auch andere Dinge vor sich gingen. Aber dann nahm wieder sie meine volle Aufmerksamkeit in Beschlag, und alles andere verschwand.

Es war nicht nur Emilys Schönheit, was mich in Beschlag nahm. Emily sah mit ihrem Makeup, ihrer wunderschönen Frisur und ihrem duftigen Tanzkleid ungemein hübsch aus. Aber das war bei allen anderen Mädchen auch der Fall. Die gleiche Erfahrung machte ich, als ihre beiden schwarzbestrumpften Beine zu den acht Beinen des chinesischen Drachen gehörten. Ich wusste nicht, in welcher Reihenfolge die Mädchen in der Figur steckten, aber ich wusste genau, welche Beine die ihren waren, und auf ihre Beine sah ich. Es waren einfach Beine in engen schwarzen Strumpfhosen, aber durch mein Interesse wurden sie zu besonderen Beinen, denen gegenüber alle anderen in den Hintergrund traten.

Zweite Übung

Diese Übung gibt Ihnen eine Möglichkeit, wie Sie bewusster auf Ihren Atem achten können. Sie kann Ihnen helfen, dass er im Vordergrund Ihrer Erfahrung bleibt. Setzen Sie sich jetzt wieder, und achten Sie genau darauf, wie Ihr Atem, auch wenn er ganz regelmäßig geht, ganz leichten Veränderungen unterworfen ist.

Die Empfindungen, die das *Ein*atmen begleiten, sind etwas anders als die Empfindungen beim *Aus*atmen. Wenn Sie sich gut entspannen und Ihren Atem ganz von allein kommen und gehen lassen, können Sie Ihre Aufmerksamkeit verfeinern und feststellen, wie interessant und komplex der einfache Vorgang des Atmens ist. Das ist viel faszinierender, als Sie gedacht hatten. Vielleicht stellen Sie fest, dass sich Ihr Atem etwas zu verlangsamen scheint. Das ist normal. Er verlangsamt sich vielleicht deshalb, weil Sie ganz still dasitzen und vermutlich auch etwas ruhiger werden. Manche machen sich Sorgen, ihr Atem könnte sich derart verlangsamen oder *so* schwach werden, dass er schließlich ganz aufhört. Aber das passiert nie.

Schließen Sie die Augen. Verweilen Sie im regelmäßigen Ein und Aus Ihres Atmens, und achten Sie auf seine ständigen leichten Veränderungen. Sitzen Sie zwanzig Minuten lang.

Frage

*Sie haben gesagt, der Atem sei immer da. Aber
jetzt merke ich, dass es zwischen den einzelnen
Atemzügen kurze Zeiten des Aussetzens gibt.*

Es freut mich, dass Sie das bemerkt haben. Vermutlich heißt
das, dass Sie sich gut entspannt und ziemlich genau acht-
gegeben haben. Das Atmen ist ein ständiger Vorgang, aber er
ist nicht ständig spürbar. Der Atem zieht ein, der Atem
strömt aus, und dann kommt ein kurzer Aussetzer. Wenn
Sie sitzend üben, versuchen Sie, ein wenig in diesem Raum
des kurzen Aussetzens zu verweilen. In den klassischen
Texten wird dieser Raum als der „noch nicht begonnene
Atem" bezeichnet. Beeilen Sie sich nicht, rasch wieder ein-
zuatmen; der nächste Zug des Einatmens setzt von allein
ein, wenn es soweit ist. Wenn man seinen Atem einfach von
allein geschehen lässt, schenkt das ein Gefühl der Entspannung. Nach einiger Zeit entdecken Sie vielleicht, dass es
nicht nur zwischen jedem Atemzug einen kurzen Aussetzer
gibt, sondern auch jedesmal zwischen dem Ein- und dem
Ausatmen. Tatsächlich wird nicht einfach aus dem Atemzug des Einatmens der Atemzug des Ausatmens. Der Zug
des Einatmens ist, wenn Sie ihn ganz genau beobachten,
eine vollständige Erfahrung für sich. Er hebt an, hat eine
Mitte und ein Ende. Dann kommt ein kurzer Aussetzer.
Nach dem Aussetzer entsteht neu die Bewegung des Ausatmens; auch sie hat ihren Höhepunkt und schwillt dann
ganz ab. Wenn Sie jetzt anfangen, genau diese kurzen Aussetzer zu erkennen, wird das Atmen für Sie viel interessanter.

Dritte Übung

Verweilen Sie im begonnenen Atem. Verweilen Sie im noch nicht begonnenen Atem. Sitzen Sie zwanzig Minuten.

Frage

Ich habe gehört, wer die Achtsamkeitsmeditation macht, wird angewiesen, kein Tagebuch zu schreiben. Stimmt das?

Ja, das stimmt. Tagebücher sind eine wunderbare Sache, aber während Sie in Ihr Tagebuch schreiben und Geschehenes aufzeichnen, entgeht Ihnen, was im Augenblick geschieht. Bei der Achtsamkeitsmeditation geht es darum, sich in das Wahrnehmen des Gegenwärtigen einzuüben.

Debbie hat in einer Meditationsgruppe von ihrer sechsundachtzigjährigen Mutter erzählt, die in einem Pflegeheim lebt. Ihre Mitbewohner verbringen den größten Teil ihrer Zeit mit Erinnerungen an ihr früheres Leben, vor allem an besondere Ereignisse und Taten. Debbie sagte: „Meine Mutter hatte ein sehr erfülltes Leben. Sie könnte eine Menge Geschichten erzählen, aber sie tut das nicht. Von Zeit zu Zeit sagt sie laut zu allen anderen, die von früher erzählen: ‚Hört doch auf damit! Was einmal war, das *war* einmal und ist vorbei!'"

Frage

*Was ist, wenn mir ein besonders guter Gedanke
kommt? Sollte ich den nicht aufschreiben?*

Wenn er besonders gut ist, werden Sie sich auch später noch
an ihn erinnern.

Frage

Aber wenn es ein ganz genialer Gedanke ist?

Wenn er ganz genial ist, dann schreiben Sie ihn auf. Aber
nur kurz und knapp.

Mit sich selbst sprechen

Die Anweisungen in der Predigt des Buddha über die Grundlagen der Achtsamkeit klingen fast so, als sollten die Meditierenden durch die Gegend laufen und mit sich selbst reden. Sie werden zu Feststellungen aufgefordert wie: „Ich atme langsam und tief ein", „Ich atme langsam und tief aus", „Ich sitze" oder „Ich lege mich nieder". Im Text sind diese Sätze in Anführungszeichen gesetzt und muten also wie ein ständiges inneres Beschreiben des eigenen Tuns an.

Viele Lehrer der Achtsamkeit leiten zur Übung dieser besonderen Technik des „mentalen Feststellens" an. Auch ich finde sie hilfreich und empfehle sie daher oft. Tatsächlich handelt es sich beim mentalen Feststellen um eine mehr oder weniger ständige Beschreibung dessen, was man gerade tut und empfindet, aber sie hat bestimmte ganz eigene Merkmale.

Zunächst einmal geht das nicht laut vor sich. Man bezeichnet vielmehr still das, was gerade ist. Mit der Bezeichnung „Ich sitze" oder auch nur „sitzen" bestätigt man kurz und knapp: „Ich empfinde eine Reihe von Körperwahrnehmungen, die mich wissen lassen, dass ich sitze. Ich *spüre* mich selbst sitzen."

Das zweite wichtige Merkmal des mentalen Feststellens ist, dass es zwar als etwas *Fortlaufendes* gedacht ist, aber nicht pausenlos zu sein braucht. Es ist kein endloses Reden. Eine mentale Feststellung „Ich sitze" kann eventuell für die ganze Zeit genügen, während der das Bewusstsein still in den Empfindungen des Sitzens ruht. Sollte die Erfahrung des achtsamen Sitzens dem Geist ein Wohlgefühl schenken, so würde die kurze Feststellung „Ich fühle mich wohl" oder „Wohlsein" genügen.

„Warum soll ich mir selbst sagen, was vor sich geht?", werde ich oft gefragt. „Ich weiß doch sowieso, was sich abspielt. Schließlich spielt es sich ja in mir ab. Mir kommt das albern vor, meine Erfahrung immer genau zu notieren. Wozu soll das gut sein?"

Das mentale Feststellen hat zumindest zwei Vorzüge, erkläre ich dann. Erstens hält es die Aufmerksamkeit konzentriert, und zweitens bietet es von Augenblick zu Augenblick die Möglichkeit, direkt wahrzunehmen, dass alles von vorübergehender Natur ist. Nehmen wir an, die mentalen Feststellungen über meine Erfahrung lauten: „Sitzen ... Druck ... stärkerer Druck ... Kribbeln ... Wohlgefühl ... Glück." Fortlaufende Augenblicke der Bewusstheit vertiefen insgesamt die Haltung und liefern dadurch die Grundlage für die Einsicht, dass sich die Erfahrung ständig verändert.

Natürlich sind diese bestimmten Feststellungen nur Beispiele. Der Buddha lehrte, die Aufmerksamkeit auf jede Situation – das Sitzen, Stehen, Liegen, Sichbewegen – sei das Mittel dazu, Einsicht zu entwickeln. Wie die Feststellungen im Einzelnen lauten, ist nicht so wichtig; worauf es ankommt, ist, dass sie sich ständig verändern.

Üben Sie jetzt weiter. Halten Sie sich dabei an die folgenden Anweisungen für eine formelle Gehmeditation. Versuchen Sie, das mentale Feststellen als Hilfsmittel dazu zu benützen, Ihre Aufmerksamkeit konzentriert und wach zu halten. Sie brauchen nicht alles, was sich abspielt, bis in seine Einzelheiten zu benennen, denn sonst werden Sie eher zum besessenen Registrierer als zum ausgeglichenen Meditierenden. Der Buddha soll gesagt haben, in jeder Erfahrung steckten 17 Millionen Aspekte des Geistes. Sie brauchen also gar nicht anzufangen, sie alle aufzulisten.

Grundanweisungen für die formelle Gehmeditation

Suchen Sie sich einen Ort, an dem Sie ganz für sich und ungestört auf und ab gehen können. Er sollte in einer Richtung wenigstens zehn bis zwanzig Schritte ermöglichen. Wenn Sie im Freien gehen, suchen Sie sich einen abgelegenen Winkel, an dem Sie von der Umgebung abschalten können. Oder Sie finden im Haus eine nicht von Möbeln verstellte Strecke oder einen leeren Flur. So können Sie dann Ihre ganze Aufmerksamkeit auf die Gefühle konzentrieren, die Sie beim Gehen in Ihren Füßen wahrnehmen.

Denken Sie daran, dass dies eine Übung in Aufmerksamkeit und Stille und nicht in einer ganz speziellen Gehtechnik ist. Sie brauchen nicht auf irgendeine ungewöhnliche Art zu gehen. Es bedarf weder einer besonderen Ausgewogenheit noch einer besonderen Anmut. Es geht einfach um das normale Gehen. Vielleicht in etwas langsamerem Tempo als sonst, aber ansonsten ganz normal.

Fangen Sie Ihre Übungszeit damit an, dass Sie einige Augenblicke am einen Endpunkt ihrer Gehstrecke still stehen bleiben. Schließen Sie die Augen. Fühlen Sie, wie Ihr ganzer Körper steht. Manche fangen damit an, dass sie ihre Konzentration auf den Scheitel ihres Kopfes lenken und sie dann durch ihren ganzen Körper herabwandern lassen: durch Kopf, Schultern, Arme, Rumpf und Beine, bis sie schließlich beim Gefühl ankommen, wie ihre Füße auf der Erde haften. Lassen Sie Ihre Aufmerksamkeit bei den Empfindungen in Ihren Fußsohlen verweilen. Wahrscheinlich ist das eine Art Druckgefühl auf die Füße und dazu ein Gefühl von „weich" oder „hart", je nachdem, worauf man steht.

Jetzt fangen Sie mit Gehen an. Halten Sie die Augen geöffnet, so dass Sie im Gleichgewicht bleiben. Oft fange ich mit einem ganz normalen Schritttempo an und vertraue darauf, dass die begrenzte Strecke meines Gehens und seine Wiederholung und Regelmäßigkeit meinen Körper ganz natürlich zu einer langsameren Gangart anleitet. Das Langsamerwerden ergibt sich also ganz von allein. Ich glaube, das kommt daher, dass der Geist, wenn er weniger Anreize verarbeiten muss, auf einen niedrigeren Gang schaltet. Vermutlich legt sich allmählich unsere Gier, ständig nach Neuem Ausschau zu halten, womit sie sich beschäftigen kann, wenn sie merkt, dass Sie fest entschlossen sind, nirgendwohin zu gehen.

Wenn Sie in Ihrem normalen Gehtempo gehen, haben Sie einen Überblick über alles, was Sie sehen, und es kommt Ihnen vertraut vor. Verlangsamt sich Ihr Gehen, dann wird Ihre Wahrnehmung punktueller und subjektiver. Könnte man die mentalen Feststellungen, die das Gehen begleiten, wie eine wandernde Schriftreklame oder wie Untertitel im Film laufend ablesen, so würde sie ungefähr so aussehen:

Beim normalen Gehtempo: Schritt ... Schritt ... Schritt ... Schritt ... Arme bewegen sich ... Kopf bewegt sich ... Lächeln ... Schauen ... Anhalten ... Umdrehen ... Vogelgezwitscher ... Schritt ... Schritt ... Wie viel Uhr es wohl ist? ... Gefühl, es wird langweilig ... Schritt ... Schritt ... Arme schwingen ... Wärmegefühl ... Kältegefühl ... Gut, dass es hier schattig ist ... Entschluss, im Schatten zu bleiben ... Lächeln ... Schritt ...

In der langsameren Gangart: Druck auf Fußsohlen ... Druck ... Druck weg ... Druck wieder da ... Druck verlagert sich ... Leichtigkeit ... Schwere ... Leichtigkeit ... Schwere ... Leichtigkeit ... Oh! Jetzt hab' ich's! End-

lich bin ich *gegenwärtig!*... Hupps, ich war zerstreut...
Wieder anfangen... Druck auf Fußsohlen... Druck ver-
lagert sich... Leichtigkeit... Schwere... Leichtigkeit...
Schwere... Hören... Wärme... Kühle...

Das Langsamere ist nicht besser als das Schnellere. Es ist
nur anders. Alles verändert sich ständig, unabhängig vom
Gehtempo. Eine direkte Erfahrung der Vergänglichkeit aus
erster Hand kann sich genauso gut einstellen, während Sie
zügig vor sich hingehen, wie wenn Sie Ihre Schritte bewusst
und langsam setzen. Ihr persönliches Tempo beim achtsamen Gehen sollten Sie danach richten, bei welcher Geschwindigkeit Sie am ehesten spüren, dass Sie Ihre Aufmerksamkeit aufrecht erhalten können. Verlangsamen oder
beschleunigen Sie Ihr Tempo also je nach Bedarf.

Jetzt nehmen Sie sich Zeit für eine Gehmeditation.
Fangen Sie mit dreißig Minuten an. Wenn Sie daran gedacht
haben, einen Wecker mit einem angenehmen Klingelzei-
chen mitzubringen, stellen Sie ihn jetzt ein und fangen Sie
an. Vielleicht verfügt auch Ihre Armbanduhr über einen Sig-
nalton; dann können Sie diese als Wecker benützen. Beobachten Sie beim Gehen, wie oft Ihnen der Impuls kommt,
nachzusehen, wie viel Zeit vergangen ist. Folgen Sie ihm
nicht. Tun Sie nichts als gehen. Auf diese Weise üben Sie
nicht nur Haltung und Aufmerksamkeit, sondern auch den
Verzicht. Das ist ein grundlegender Bestandteil des Erwachens.

Eine Abwandlung der Atemmeditation

Setzen Sie sich hin und fühlen Sie, wie Ihr ganzer Körper sitzt. Sie werden entdecken, dass Sie sagen können, wo Ihr Körper ist, ohne dass Sie ihn anschauen. Kinästhetische Rückmeldungen aus Ihrem Körper, unzählige winzige Empfindungen lassen Sie wissen, wo Ihr Körper ist und in welcher Haltung er dasitzt. Sie wissen es, wenn Ihre Beine gekreuzt sind; Sie wissen, wo Ihre Hände sind. Sie brauchen dazu nicht hinzuschauen.

Fühlen Sie Ihren ganzen Körper. Wenn Sie wollen, lassen Sie Ihre Aufmerksamkeit von Ihrem Scheitel über Ihr Gesicht, Ihren Nacken, Ihre Schultern herabwandern in Ihren Rumpf, durch Ihre Arme und in Ihr Becken. Fühlen Sie, wie Sie sitzen. Sie wissen, dass Sie sitzen, weil Sie an den Stellen Druck empfinden, mit denen Sie die Unterlage berühren. Fühlen Sie Ihr Gesäß, Ihre Schenkel, Ihre Knie, Ihre Knöchel und Ihre Füße. Versuchen Sie, ob Sie das Gefühl Ihres gesamten Körpers auf einmal in Ihrer Aufmerksamkeit festhalten können. Fühlen Sie sich in Ihrer Ganzheit, fühlen Sie Ihren gesamten Körper in seiner sitzenden Haltung. Hier sitzt Ihr ganzer Körper auf dem Boden oder auf einem Stuhl oder auf der Erde oder auf dem Bett, sitzt, wo immer er sitzt. Fühlen Sie *alles* an Ihrem Körper. Er lässt Sie mittels vieler, vieler Empfindungen wissen, wo er ist.

Wenn Sie so sitzen, treten wahrscheinlich die besonderen, mit dem Kommen und Gehen ihres Atems verbundenen Vollzüge in den Vordergrund. Sehen Sie zu, ob Sie zugleich mit der besonderen Aufmerksamkeit auf dieses Kommen und Gehen Ihres Atems auch rundum die Achtsamkeit auf alle Ihre anderen Körperempfindungen beibehalten können.

Die Regelmäßigkeit und Vorhersehbarkeit des Atems

lässt den Geist zur Ruhe kommen. Die Gesamtschau der ständigen Atembewegung zusammen mit dem ganzen Körper, in dem sie sich abspielt, bietet ein unmittelbar einleuchtendes Beispiel für das Phänomen des Entstehens und Vergehens. Eine für diese gesamte Übung grundlegende Einsicht besteht darin, dass dieses Phänomen grundsätzlich allen Erfahrungen eigen ist.

Schließen Sie jetzt die Augen. Fühlen Sie Ihren gesamten Körper, fühlen Sie Ihren Atem in Ihrem Körper kommen und gehen. Vielleicht hilft es Ihnen, Ihre Aufmerksamkeit auf diese Erfahrung konzentriert zu halten und in ihr zu verweilen, wenn Sie in Ihrem Geist leise die Feststellung machen: „Atem kommt, Atem geht; Atem kommt, Atem geht…" Versuchen Sie, zwanzig Minuten sitzen zu bleiben.

Frage

Ich versuche mich zu entspannen und mich auf meinen Atem zu konzentrieren, aber immerzu muss ich an ein bestimmtes Problem denken, das ich derzeit in meinem Leben habe. Vielleicht sollte ich mir eine Lösung für es überlegen, da ich ja jetzt die Zeit dafür hätte…

Oft kommen Menschen zu Meditationskursen und nehmen sich vor: „Da ich jetzt endlich Zeit und Abstand habe, werde ich mir in Ruhe eine Lösung für dieses oder jenes Problem überlegen." Normalerweise funktioniert das so nicht. Wenn das Überlegen so einfach ginge, hätte man es wahrscheinlich schon vor dem Kurs fertig gebracht. Lösungen, die sich eventuell tatsächlich während der Meditationszeit ergeben, stellen sich gewöhnlich als Eingebungen ein, nicht als Ergebnis gründlichen Nachdenkens.

Ob wir es wollen oder nicht, die zehn Spitzentitel unserer persönlichen seelisch-emotionalen Hitparade schaffen es, sich immer sofort einzuschalten, wenn sich in unserem Geist eine Lücke ergibt. Sobald dafür Raum ist, grübelt unser Geist immer wieder neu über Erinnerungen nach oder ergeht sich in Zukunftsgedanken. Das ist meistens verbunden mit Gefühlen der Bitterkeit, Reue oder Sorge.

Nehmen wir an, Sie leihen sich ein Video, stecken es in Ihren Recorder und setzen sich hin, um es anzuschauen. Nehmen wir an, nach spätestens zehn Minuten merken Sie, dass Sie dieses Video schon einmal gesehen haben. Vielleicht haben Sie es sogar schon zweimal gesehen, weil Sie versehentlich die Hülle nicht wiedererkannt hatten. Vermutlich würden Sie jetzt „Stop" und „Eject" drücken, das Video einpacken und in der Garderobe bereitlegen, damit Sie nicht vergessen, es zurückzubringen, und dann stattdessen ein Buch lesen.

Nehmen wir jetzt an, Sie haben ein Video ausgeliehen und nach den ersten zehn Minuten entdeckt, dass das gesamte Video nur kurze Vorschauspots von demnächst erscheinenden Videos enthält. Das wäre langweilig und unbefriedigend. Sie würden es ausschalten und stattdessen etwas anderes tun.

Wir vergessen, dass wir auch für die Filme unseres Geistes einen Ausschaltknopf haben. Wir denken und grübeln immer wieder über die gleichen Themen nach, hadern mit ihnen und wiederholen sie unablässig. Im Jetzt verweilen wir meistens nur kurz einmal, unterwegs zwischen dem Grübeln über Früheres und den Sorgen um Künftiges, und wir halten kaum einmal an, um uns zu entspannen. Wenn wir beim Jetzt bleiben, klären sich die Dinge. Wir tun dann, was zu tun ist, oder jedenfalls tun wir nach Kräften, was wir tun können, und gehen weiter. Begebenheiten aus der Vergangenheit sind Geschichte. Zukunftsmöglichkeiten sind

Sciencefiction. Gelegentlich müssen wir zwar vorausplanen, aber nicht annähernd so viel, wie wir meistens meinen. Außerdem ändern sich auch Pläne ständig.

Achten Sie darauf, wie sich an den merkwürdigsten Stellen im Geist plötzlich wieder alte Geschichten einspielen, fast wie ein launisches Fernsehgerät, das ganz beliebig von allein dauernd die Kanäle umschalten würde. Da sitzen Sie vielleicht ruhig da, fühlen sich ganz angenehm und ruhen in den Bewegungen Ihres Atems; oder Sie gehen, fühlen Ihre Füße – und plötzlich, aus dem Nichts, bricht die Geschichte „Meine gescheiterte Beziehung" über Sie herein oder der Film mit dem Titel: „Wie kann ich mich endlich von dieser Arbeitsstelle wegbewerben, die absolut nichts für mich ist?" beginnt zu spulen. Sie müssen dahinterkommen, warum Ihre Beziehung gescheitert ist, damit Sie nicht noch einmal in das gleiche Muster verfallen, und falls Sie den falschen Job haben und unbedingt eine neue Stelle finden müssen, müssen Sie das einfädeln. Aber nicht *jetzt*.

Hier eine praktische Anleitung: Wenn Sie merken, dass der Film gerade anlaufen will, sagen Sie zu ihm und zu sich selbst: „Nicht jetzt." Manchmal genügt das schon. Sie verdrängen das nicht ganz, sondern Sie sagen: Doch, ich werde mich damit befassen; aber nicht jetzt. Jetzt sind Sie damit beschäftigt, innerlich zur Ruhe zu kommen. Denken Sie daran: Wenn man wirklich zur Ruhe kommt, kann schon das eine neue Perspektive eröffnen, von der aus spontan eine Lösung in Sicht kommen kann.

Manchmal genügt eine sanfte Ablehnung nicht. Der Film drängt sich weiter auf. Dann hilft oft der Kniff, die Geschichte nicht abwehren zu wollen, sie zu benennen und einzuordnen und sich selbst zu versprechen: „Während der Heimfahrt werde ich darüber ausführlich nachdenken. Aber nicht jetzt."

„Nichts lohnt, darüber nachzudenken"

Meine ersten fünf Jahre der Meditationsübung verliefen recht angenehm, wenn auch ohne bemerkenswerte Ereignisse. Ich nahm gern an Retreats teil. Ich saß gern still da. Ich mochte das Essen. Ich hörte gern Geschichten über den Buddha. Ich fand die Vorstellung faszinierend, man könne ganz unabhängig von seinen jeweiligen Lebensumständen in Frieden leben.

Ohne Zweifel verbrachte ich zwar die Zeit bei meinen Kursen und Wochenenden genau nach Tagesordnung – mit Sitzen, Gehen, Sitzen, Gehen –, aber meine Aufmerksamkeit schweifte überall herum. Rückblickend glaube ich, dass ich während der Retreats *mehr* Geschichten und *mehr* Phantasievorstellungen im Kopf hatte als sonst, und zwar einfach deshalb, weil ich mehr Zeit dafür hatte, meinen Geist umherwandern zu lassen. Daheim hatte ich jede Menge Pflichten und musste mich darauf konzentrieren. Während des Retreats war mein Geist frei, endlose Geschichten zu spinnen. Das tat er auch.

Eines Tages ging ich wieder einmal vor mich hin und erzählte mir wahrscheinlich gerade selbst wieder eine Geschichte. Mein Lehrer Joseph Goldstein kam mir entgegen und war dabei ins Gespräch mit jemand anderem vertieft. Ich hörte nicht, worüber sie redeten, nicht einmal Josephs letzten Satz vor der Aussage, die ich mitbekam. Doch als sie an mir vorbeigingen, hörte ich Joseph sagen: „Nichts lohnt, darüber nachzudenken."

„Nichts lohnt, darüber *nachzudenken*?" Ich war verblüfft. Da hatte ich nun mein ganzes Leben damit verbracht, über alles und jedes nachzudenken. Viele meiner Vorfahren waren gründliche Denker. Ja, ich bin stolz auf mein Denkvermögen. Ich wusste auch, dass Joseph selbst ein ziemlich scharfer Denker war. Wie konnte er *das* sagen?

Aus irgendeinem Grund, vielleicht durch eine glückliche Fügung oder weil in dem Augenblick einfach die Bedingungen dafür gegeben waren, dass es bei mir „zündete", „zündete" es bei mir. Wenn bei der Übung alles darum geht, in *diesem* Augenblick wie in jedem anderen Augenblick auch die Wahrheit des Entstehens und Vergehens zu erkennen, die Wahrheit des ewigen Sich-Änderns, dann muss ich hier, im *Jetzt*, sein, um sie zu erkennen. Geschichten sind immer Erzeugnisse unseres Geistes über eine mythische Vergangenheit oder eine hypothetische Zukunft. Sie spielen nicht im Hier und Jetzt.

So gelobte ich mir selbst, mir keine Geschichten mehr zu erzählen. Zwar nicht nie mehr, aber jedenfalls nicht mehr während meiner Retreats, wenn ich am Üben war. Es war kein Gelöbnis, allen Gedanken zu entsagen, denn Wahrnehmungen wie „bewegen, einen Schritt machen, hungrig, müde" sind ebenfalls Gedanken. Ich nahm mir nur fest vor, das *diskursive* Denken bleiben zu lassen, denn das produziert ständig Geschichten.

Sobald ich mir das geschworen hatte, veränderte sich meine Meditationserfahrung ganz drastisch. Ich nahm mir beim Hinsitzen fest vor, dass meine Aufmerksamkeit nicht von meinem Atmen abschweifen solle. Die ersten Minuten, ja vielleicht Stunden nach diesem Entschluss waren schwierig. Doch bald schon stellte ich fest, dass ich mich tatsächlich entspannen konnte. Dabei war es nicht so, dass ich meine Aufmerksamkeit gewaltsam steuern musste. Vielmehr erschien mir mein Atmen nun als etwas Interessantes, ja Faszinierendes. Ja, ob Sie es glauben oder nicht, er wurde regelrecht spannend! Von da an begann mein ernsthaftes Üben.

Jahre später erzählte ich Joseph, wie sich seit seinem Satz mein Verständnis gewandelt hatte und mein Üben anders geworden war. Er meinte dazu: „Vielleicht habe ich gar nicht sagen wollen: ‚Nichts lohnt, darüber *nachzudenken*‘, sondern ‚*Nichts* lohnt, darüber nachzudenken‘!" Aber das ist eine andere Geschichte.

Sitzen Sie jetzt dreißig Minuten lang.

Weitere Anweisungen für das Gehen

Im College verwendete ich ein Mikroskop mit drei Vergrößerungsstufen der Linseneinstellung. Um zunächst das Plättchen abzusuchen, fing ich mit der geringsten Vergrößerung an. Hatte ich mein Objekt gefunden, ging ich auf stärkere Vergrößerungen über, um bestimmte Einzelheiten ganz deutlich zu sehen. Manchmal glitten winzige Lebewesen aus meinem Sehbereich, wenn ich sie gerade ganz stark vergrößert hatte sehen können. Wenn das geschah, ging ich wieder auf eine geringere Vergrößerung zurück und fing wieder von vorne an.

Viele Jahre später wandte ich diese Methode, die sich beim Mikroskopieren bewährt hatte, auch auf meine Gehmeditation an. Hier sind die entsprechenden Anweisungen. Sie eignen sich besonders gut für das Gehen im Freien, wo vielleicht der Wind bestimmte Düfte mit sich trägt und die Sonne leuchtet und wärmt. Kann man nicht draußen gehen, lassen sie sich auch im Haus anwenden.

Beginnen Sie Ihr Gehen damit, dass Sie mit Ihrem *ganzen* Körper wahrzunehmen versuchen. Spüren Sie die Temperatur der Luft auf Ihrer Haut. Wenn ein Wind geht, spüren Sie, wie er gegen Sie drückt. Riechen Sie die Luft. Horchen Sie auf alle Geräusche um sich herum. Stellen Sie sich vor, Ihre Augen sind Weitwinkelobjektive. Nehmen Sie mit diesen das ganze Panorama auf, das sich vor Ihnen ausbreitet. Spüren Sie, wie sich Ihr ganzer Körper durch den Raum bewegt. Beobachten Sie, wie am ganz gewöhnlichen Gehen alle Ihre Körperteile ganz natürlich und unwillkürlich beteiligt sind. Ihre Arme schwingen seitlich. Ihre Hüften bewegen sich. Ihr Gleichgewicht verlagert sich. Sie müssen sich diese Gehbewegungen gar nicht genau vornehmen. Sobald Sie in der Absicht zu gehen aufstehen, ereignet sich das Gehen von allein.

Gehen Sie auf Ihrer Gehstrecke vor und zurück und spüren Sie, wie Sie mit ihrem gesamten Körper gehen. Nach einiger Zeit, vielleicht nach zehn Minuten, verlagern Sie Ihre Aufmerksamkeit auf die Empfindungen in Ihren Beinen. Wiederum nach einiger Zeit richten Sie Ihre Aufmerksamkeit auf Ihre Füße. Vielleicht können Sie sich dann ganz deutlich auf die Empfindungen Ihrer Fußsohlen konzentrieren: „Druck... kein Druck... Druck... kein Druck..."

Bleiben Sie mit Ihrer vollen Aufmerksamkeit bei den Empfindungen in Ihren Füßen, solange Ihre Konzentration anhält. Von einem bestimmten Punkt an wird Ihre Aufmerksamkeit dann wahrscheinlich abschweifen: „Was kommt jetzt?" – „Das reicht." – „Mir ist kalt. Ich muss etwas überziehen." Wenn das geschieht, fangen Sie wieder mit der Großeinstellung Ihrer Aufmerksamkeit an. Spüren Sie wieder, wie Ihr ganzer Körper geht. Spüren Sie den Wind, riechen Sie die Luft, horchen Sie auf alle Geräusche. Kommt Ihre Aufmerksamkeit darin zur Ruhe, dann können Sie sie wieder schärfer einstellen. Wenn Sie die Konzentration Ihrer Achtsamkeit auf diese Weise immer stufenweise verstellen und verstärken, hilft Ihnen das, Ihre Sammlung zu wahren. Worauf es ankommt, ist, dass man aufmerksam bleibt. Schließlich wollen wir Experten im Aufmerksamsein werden, nicht Experten im Gehen.

Ich vermute, die Mikroskope, die ich im College verwendet habe, sind längst ausrangiert und haben inzwischen nur noch antiquarischen Wert. Man steckt seine Proben wahrscheinlich jetzt in Elektronenmikroskope, die automatisch Computeranalysen liefern. Aber für das Gehen ist mein Vergleich mit dem alten Mikroskop immer noch gültig. Versuchen Sie es damit für den Rest dieser Stunde.

Es gibt keine Zwischenzeiten

Bei der Achtsamkeitsmeditation handelt es sich um eine ständige, ruhige, konzentrierte Aufmerksamkeit, die durch Perioden formellen Sitzens und Gehens strukturiert wird. Die Zeiten formellen Sitzens und Gehens führen schließlich zu jener Klarheit, die dann ein unablässiges Üben dieser Achtsamkeit ermöglicht. Bis ich das begriff, brauchte ich *Jahre* des Meditierens, aber von da an wurde mein Leben meine Übung.

Diese neue Sicht verdanke ich U Pandita Sayadaw, einem burmesischen Meditationsmeister. Seine Art des Fragenstellens bei der Aussprache war der Schlüssel dazu. Er pflegte immer zu fragen: „Wie achtsam sind Sie beim Sitzen?", „Wie achtsam sind Sie beim Gehen?" und „Wie achtsam sind Sie in den Zwischenzeiten?"

Eines Tages, als ich mich auf meine Aussprache mit U Pandita vorbereitete, ging mir auf, dass es selbst bei Retreats mindestens so viel „Zwischenzeit" wie formelle Übungszeit gibt. Plötzlich bekamen die Verrichtungen, die ich beiläufig tat, wie Essen, Duschen oder Bettmachen, ihren Wert! Mein Verhalten *zwischen* den einzelnen Verrichtungen wurde genauso wichtig wie diese Verrichtungen selbst. Statt von meinem Meditationssitz aufzuspringen und auf meine Gehstrecke zu eilen, machte ich jetzt auch den Weg dorthin zur Übung. War ich dann auf meiner Gehstrecke, ging ich langsam weiter, so lange, bis es Zeit war, wieder genauso aufmerksam zu meinem Sitzkissen zurückzugehen, und das ging wunderbar.

Ich war entzückt darüber, was ich da begriffen hatte, denn es bedeutete, dass ich *immer* am Üben war und nie etwas Besonderes zu tun brauchte. Ich wusste, dass sich mein

Leben weiterhin nach seinen ganz eigenen Gesetzmäßigkeiten entfalten würde, wie es das schon immer getan hatte. Mein Beitrag dazu war ganz einfach: Ich brauchte bloß wirklich anwesend zu sein.

So gibt es also keine Zwischenzeiten. Das Zubereiten des Essens, das Warten, bis es anfängt, das Essen selbst – alles sind Zeiten für die Übung der Achtsamkeit.

Anweisungen für das Essen

Da wir bereits auf die Mittagessenszeit zugehen, ist jetzt der richtige Zeitpunkt, den Zweiten Bereich der Achtsamkeit vorzustellen, so wie der Buddha ihn gelehrt hat. Das ist der Bereich der Wertigkeit unserer Gefühle. Der Buddha machte darauf aufmerksam, dass jeder Augenblick unserer Erfahrung mit einer der drei gefühlsmäßigen Bewertungen einhergeht: „angenehm", „unangenehm", „neutral". Das stimmt.

Bei unserer Übung geht es *nicht* darum, alles so sanft werden zu lassen, dass nur noch neutrale Gefühle übrig bleiben. Vielmehr wollen wir bewusst auf unangenehme wie angenehme Gefühle achten, damit sie uns nicht mehr wie so oft verschrecken oder aus der Bahn werfen. Auch Gefühlsempfindungen sind ständig am Schwanken. Genau wie physische Wahrnehmungen bieten auch sie die Möglichkeit, das Phänomen der ständigen Veränderung zu beobachten, das jeder Erfahrung eigen ist.

Ich denke, Essenszeiten sind während eines Retreats die beste Zeit dafür, auf den Bereich der angenehmen und unangenehmen Gefühle zu achten, denn während des Essens wird man sinnlich wahrscheinlich mehr angeregt als sonst während irgendeiner anderen Zeit des Retreats. Ja, bereits die Erwartung des Essens ist aufregend genug, um schon vor Beginn des Essens die Fähigkeit wacher Aufmerksamkeit zu wecken.

Ich habe es mir bei Retreats zur Gewohnheit gemacht, mich an der Schlange im Speisesaal immer ganz spät anzustellen, so dass ich eine der Letzten bin. Wenn ich so etliche Zeit in der Schlange stehe, bietet mir das eine ganz besonders gute Gelegenheit zum Üben der Achtsamkeit. Ich kann darauf aufmerksam werden, wie bei mir bereits die ver-

mehrte Speichelproduktion einsetzt. Ich kann darauf aufmerksam werden, wie ich entsetzt bin, wenn sich eine andere aus dem Meditationskurs einen gewaltigen Berg Essen
auf den Teller häuft. Ich merke, wie mich die Besorgnis
überkommt, für mich könne nicht mehr genügend übrig
bleiben. Ich kann meine Enttäuschung beobachten, wenn
jemand mit vollem Tablett an mir vorbeigeht und ich ent-
decke, dass der Hauptbestandteil der Mahlzeit aus Sellerie
zu bestehen scheint. Ich habe mich also ganz bewusst als
eine der Letzten angestellt, weil ich weiß, dass sich meine
Achtsamkeit während der Wartezeit infolge der Erregung
meiner Sinne durch Gerüche, optische Reize und Speichelproduktion beträchtlich verstärkt.

Wenn Sie das Tablett mit Ihrer Auswahl an Ihrem Platz
abgestellt haben, beobachten Sie, was Ihr Geist jetzt alles
beschließt. „Soll ich erst das essen und das andere danach?",
„Habe ich genügend mitgebracht?", „Warum habe ich eigentlich Broccoli genommen? Broccoli mag ich doch gar
nicht!", „Ach, die Tabascosoße hätte ich nicht vergessen
sollen!" Versuchen Sie während des Anrichtens des Salats
nicht schon zu essen. Das erfordert ein bisschen Selbstbeherrschung, ist aber eine gute Übung. Selbstbeherrschung
trägt zur Sammlung des Geistes bei. In Ihrem Alltagsleben
können Sie ja während des Kochens so viel herumnaschen
wie Sie wollen. Aber wahren Sie sich bei Retreats Ihre
Wachsamkeit. Stellen Sie sich immer vor, Sie seien in der
Schlange die Letzte.

Andere Herausforderungen können sich ergeben, wenn
man nicht auf sein Essen warten muss. Voriges Jahr verbrachte ich eine Zeit in einem wunderbaren Kloster, das die
Möglichkeit bietet, in einer Einsiedelei zu leben. Das bedeutet, ich bekam einen Raum ganz für mich; man infor-
mierte mich über die Gebetszeiten und zeigte mir den

Raum, in dem ich meine einsamen Mahlzeiten einnehmen sollte, und dann ließ man mich allein. Zum Essen betrat ich den Essensraum durch eine Türe von außen. Drinnen war ein kleiner Tisch für eine Person gedeckt. Auf der anderen Seite des Raums befand sich ein Regal, an dessen Rückseite eine Art Schranktür war. Diese Türe konnte man von der anderen Seite öffnen, und der Koch stellte von dort her das Essen ins Regal. Manchmal, wenn ich kam, stand das Essen schon da. Am zweiten Übungstag, als ich mich noch nicht ganz eingelebt hatte und mich noch an meine merkwürdige Umgebung gewöhnen musste, setzte ich mich vor eine Speise, die aus einer Art grauer Brühe bestand. Sie roch nicht besonders gut. Ich kostete sie, und sie schmeckte auch nicht besonders gut. Mich überkam flüchtig der schreckliche Gedanke, der Koch könne mir aus Versehen eine Schüssel Spülwasser hingestellt haben. Diesen Gedanken widerrief ich auf der Stelle. Ich versuchte mich zu überzeugen, dass es eine Kraftbrühe sei. Dennoch sah sie immer noch nicht gut aus und schmeckte auch nicht gut. Seit ich meinen schlimmen Gedanken gehabt hatte, sah die Brühe noch schlimmer aus und schmeckte auch noch schlimmer. Ich empfand starken Widerwillen dagegen, sie zu essen.

Ich sah mich nach einer Möglichkeit um, die Suppe zu entsorgen, ohne mir eine Blöße zu geben. Wenn ich sie einfach in der Schüssel ließ, musste ich die volle Schüssel zurückgeben. Es gab im Raum keinen Ausguss. Ich sah mich nach einer Zimmerpflanze um, aber auch eine solche gab es nicht. Ich überlegte, ob ich die Tür öffnen und die Brühe hinausschütten sollte, aber ich befürchtete, ich könnte dabei ertappt werden. So kam ich zu dem Schluss, die einzige Möglichkeit der Bewältigung dieser Situation bestehe darin, die Suppe zu essen. Das tat ich dann auch. Eine Stunde verging, zwei Stunden vergingen – ich fühlte mich wohl. Ich merkte, dass die Suppe ganz nahrhaft gewesen war.

Wenn Ihnen Ihre Mahlzeiten gebracht werden, beobachten Sie, von welchen Fragen Ihr Geist bewegt wird. „Wann kommt sie?", „Was ist, wenn ich heute vergessen werde?", „Sie werden doch nicht etwa Broccoli daherbringen?", „Was mache ich, wenn mir zu viel gebracht wird?", „Was mache ich, wenn es mir nicht reicht?", „Wie verhalte ich mich, wenn ich es absolut nicht mag?" In der Ausnahmesituation eines Retreats kann unser Geist aus einer einfachen Vorliebe oder Abneigung ein gewaltiges Drama machen.

Ess-Meditation

Das Essen ist etwas Sinnliches, Faszinierendes und *sehr* Komplexes. Wenn der Geist durch angenehme Anreize angeregt wird, schaltet er auf höhere Gänge. Ist Ihre Aufmerksamkeit geschärft, so kann Ihnen das Essen grundlegende Wahrheiten über das Entstehen und Vergehen erschließen. Außerdem macht es Spaß.

Lassen Sie den gesamten Vorgang zum Bestandteil Ihrer Übung werden. Wenn die Speisen aufgetragen worden sind, können Sie sie vor dem Essen so intensiv wie möglich wahrnehmen. Beim Essen können sämtliche Sinne aktiviert werden. Sie können Ihre Speise anschauen, riechen, berühren. Wenn sie knusprig ist, können Sie sie beim Essen sogar hören!

Wenn Ihnen das Gericht lecker erscheint, verstärkt sich wahrscheinlich Ihre Speichelproduktion und damit Ihr Essenswunsch. Sie denken dann wahrscheinlich: „Warum soll ich hier sitzen und dieses Essen bloß *anschauen*? Ich möchte es verzehren!"

Fangen Sie also damit an. Essen Sie, sobald Sie bereit sind. Essen Sie jedoch langsam, denn das Essen ist ein komplizierter Vorgang, und Sie möchten ihn ja genauer kennenlernen.

Achten Sie möglichst genau darauf, wie Sie kauen. Beobachten Sie, wie sich der Geschmack der Speise zwischen dem ersten Biss und dem Schlucken verändert. Es kommt nicht darauf an, dass Sie den Unterschied bewerten, sondern dass Sie die Veränderung deutlich wahrnehmen. Versuchen Sie auch darauf zu achten, was aus Ihrem Wunsch zu essen wird. Wenn Sie anfangen, haben Sie Appetit. Irgendwann während des Essens erlischt der Appetit. Die befreiende Einsicht des Buddha: „Alles Bedingte ist vorübergehend" trifft auf den Appetit genauso sehr wie auf alles andere zu.

Genießen Sie Ihre Mahlzeit vom ersten bis zum letzten Bissen. Manche stellen sich vor, während Meditations-Retreats müssten die Mahlzeiten karge, untergeordnete Ereignisse sein. Ich glaube, das Gegenteil ist richtig. Da das Essen ein Vorgang ist, der intensiv den gesamten Körper und alle Sinne aktiviert, sollten Sie ihn bis in alle Einzelheiten für Ihr Üben benützen.

Die Achtsamkeit aufrecht erhalten

Die freie Zeit, die der Tagesablauf nach dem Mittagessen vorsieht, nutzen Meditierende oft zum Ausruhen, Duschen oder um sich hinzulegen. Von der Möglichkeit zum Erlangen tieferer Einsicht her ist das Sichhinlegen genauso wertvoll wie das Gehen, Zähneputzen oder Essen; bei allem geht es um die Achtsamkeit. Was wir üben, ist das wache, aufmerksame Achten auf ausnahmslos *alle* Umstände. Das Üben bei einem Retreat ist lediglich eine spezielle Vorbereitung auf das Üben im gewöhnlichen Leben. Man wirft dabei sozusagen den Motor an.

Für das Aufrechterhalten beständiger Achtsamkeit bei einer Tätigkeit oder während wechselnder Tätigkeiten ist die Technik des mentalen Feststellens (also die jeweilige Benennung der Erfahrung, wie sie sich einstellt) besonders hilfreich. Es hält die Aufmerksamkeit auf die gegenwärtige Erfahrung etwa des Duschens oder Bettmachens konzentriert oder darauf, dass man nach dem Duschen das Bett macht und sich dann hinsetzt, um zu ruhen und dabei auf seinen Atem zu achten.

Manche empfinden einen gewissen Widerstand dagegen, sich im mentalen Feststellen ihres jeweiligen Tuns zu üben, weil ihnen das seltsam vorkommt. Tatsächlich ist es seltsam; aber es ist sehr hilfreich. Es trägt nicht selten dazu bei, den Geist klar und unverwirrt zu lassen. Was immer Sie gerade tun, achten Sie genau auf Ihre Erfahrung. Dieses Achten übt man anfangs als Technik ein, aber später wird es zur eingefleischten Gewohnheit.

In der Frühzeit meines Übens empfand ich gewaltige Widerstände dagegen, alles mental festzustellen, vor allem dann, wenn ich von einer Tätigkeit zur anderen wechselte.

Meine Abneigung rührt von einer amüsanten Episode her, die zum damaligen Zeitpunkt schon ungefähr dreißig Jahre zurücklag.

Als ich noch ziemlich jung war, hatte ich einen Freund namens Danny, der wahrscheinlich genauso nervös wie ich war, wenn er ein Rendezvous hatte. Ich glaube, er versuchte seine Ängste dadurch im Griff zu behalten, dass er auf sich selbst einredete, während er zugleich seine Unterhaltung mit mir fortsetzte. Als wir an einer Haltestelle auf einen Bus warteten und uns unterhielten, sagte er beim Atmen immer leise: „Auf den Bus warten, auf den Bus warten, auf den Bus warten, einsteigen, Geld vorholen, Fahrschein lösen." Ich bin mir ziemlich sicher, der arme Danny tat das, weil er sehr nervös war und um sich in Zeit und Raum zu orientieren. Aber ich kam mir mit ihm etwas albern vor. Ich befürchtete, jemand könnte uns sehen. Oder noch schlimmer, jemand könnte ihn hören. Welche Ironie des Zufalls war es also, dass ich mich dreißig Jahre danach bei einer Übung vorfand, in der es um das Benennen der jeweiligen Augenblickserfahrung ging. Meine mentalen Feststellungen „nach dem Türgriff langen, den Türgriff drücken…" erinnerten mich an das damalige „auf den Bus warten, auf den Bus warten." Ich kam mir ziemlich idiotisch vor. Und immer, wenn ich das tat, musste ich an Danny denken. Ich hatte das Gefühl: „Jetzt spinnst du. Warum tust du das?"

Abgesehen von meinen Erinnerungen an Danny kam mir das mentale Feststellen auch oft mühsam vor. Wenn ich überlegte, ob ich es tun solle, kam ich oft zu dem Schluss: „Nein, das ist albern." Doch hie und da nahm ich mir diese Anweisung zu Herzen und sagte mir: „Komm, tu's einfach. Denk nicht darüber nach, bewerte es nicht, male dir nichts aus – tu's einfach."

Als ich es tat, wurde alles anders. Zunächst hatte ich

das Gefühl, nur mit mir selbst zu reden: „Schritt, Schritt, Schritt, Schritt, Hinlangen, Berühren, Drehen, Ziehen." Aber dann war ich mir plötzlich selbst gegenwärtig. Meine Erfahrung veränderte sich vom Hochheben meines Arms und Sprechen: „Hochheben, Hochheben, Hochheben" zum plötzlichen *Wissen*, dass ich den Arm hochhob. Ich wusste das jetzt auf andere Weise als bisher.

Das mentale Feststellen ist nicht das gleiche wie Achtsamkeit. Beim mentalen Feststellen benennt man die Erfahrung. Das Benennen der Erfahrung, das auf die Erfahrung eine beharrliche Aufmerksamkeit lenkt, *führt* zur Achtsamkeit. Das Erfahren der Achtsamkeit *fühlt* sich anders an als das Reden über Achtsamkeit.

Ein Augenblick der Achtsamkeit kann sich recht ekstatisch anfühlen. Ich entsinne mich noch, wie sehr ich staunte, als ich zum ersten Mal den Unterschied zwischen dem *Reden über* eine Erfahrung und dem tatsächlichen Erfahren der Erfahrung entdeckte. Diese Entdeckung der Hingabe an die Achtsamkeit war für mich umwerfend. Ich ging ganz sorgfältig, ganz im Hier und Jetzt, und mir kam: „Das ist äußerst seltsam: Ich bin total fasziniert davon, dass ich meinen Fuß aufsetze und *weiß*, dass ich meinen Fuß aufsetze." Das Aufsetzen eines Fußes halten wir normalerweise nicht gerade für einen sehr faszinierenden Vorgang. Aber es *ist* faszinierend. Nicht der Fuß und sein Aufsetzen sind so faszinierend. Faszinierend ist die Achtsamkeit.

Nachmittägliche Sitzübung

Warten und genau hinschauen

Hier folgen einige Anweisungen, die Ihre Aufmerksamkeit noch verfeinern helfen.

Setzen Sie sich hin. Entspannen Sie sich. Fühlen Sie Ihren ganzen Körper, wie er sitzt. Warten Sie ab, bis Sie spüren, wie Ihr Atem geht. Beeinflussen Sie ihn nicht willentlich. Warten Sie, bis er sich *von sich aus* bei Ihnen meldet, bis er in Ihrem Bewusstsein auftaucht. Warten Sie ganz *aufmerksam*, als erwarteten Sie sein Kommen und seien auf dem Ausguck nach ihm. Warten Sie mit mehr oder weniger der gleichen entspannten Wachsamkeit, mit der Sie das regelmäßige, zu erwartende Heimkommen eines Familienmitglieds voraussehen: mit einem schlichten Wahrnehmen, ohne irgendwelche Überraschungen zu erwarten.

Seien Sie auf ganz entspannte Weise aufmerksam; bleiben Sie an Ihrer Erfahrung interessiert, ohne sich von ihr in Beschlag nehmen zu lassen. Das ist eine wichtige Anweisung. Wenn man für etwas ein waches Interesse hat, ist das gut. Wenn man aber in Beschlag genommen wird, ist das problematisch. In Beschlag genommen zu werden heißt, man steckt in etwas fest, und in etwas feststecken heißt, *nicht* frei zu sein.

Achten Sie, während Sie jetzt sitzen, besonders auf das Auftauchen von ablenkenden Stimmungen oder Gefühlen. Wenn Sie starke Gemütsempfindungen spüren, können Sie sich gegen das Abgelenktwerden von ihnen dadurch vorsehen, dass Sie noch etwas genauer auf die Feinheiten jedes Ihrer Atemzüge achten. Am Atem kann man eine Vielzahl feiner Züge feststellen. Wo spüren Sie ihn am deutlichsten? In Ihrem Bauch? In Ihrem Brustkorb? Um Ihre Nasenlöcher?

Was *genau* fühlen Sie? Sie fühlen streng genommen nicht *wirklich* Ihren Atem. Tatsächlich gibt es den Atem *an sich* gar nicht. Mit „Atem" bezeichnen wir ein ganzes System von Druck, Vibration, Verlagerung und Veränderung von Körperempfindungen. Inwiefern unterscheidet sich im Empfinden ein Einatmen von einem Ausatmen? Können Sie beides als getrennte Phänomene erfahren? Gibt es dabei Anfangspunkte? Endpunkte? Sehen Sie: Das ist alles andere als langweilig. Versuchen Sie es. Versuchen Sie jetzt, fünfundvierzig Minuten lang zu sitzen.

Mit schwierigen Zuständen
des Geistes umgehen

Vielleicht sind Sie sich in dieser letzten Phase der Sitzmeditation des Vorhandenseins bestimmter Zustände Ihres Geistes bewusst geworden: Stimmungen oder Gefühle, die so stark sind, dass Sie sie deutlich wahrnehmen konnten. Wenn sie angenehm waren, haben Sie sie wahrscheinlich genossen. Wenn sie unangenehm waren, haben Sie sie wahrscheinlich als Störung betrachtet und sie sich fortgewünscht. Das Achten auf Zustände des eigenen Geistes, auf ihr Entstehen und Vergehen, ist der Dritte Bereich der Achtsamkeit.

An dieser Stelle ist es hilfreich, etwas genauer die einzelnen schwierigen Zustände des Geistes zu besprechen, mit denen typischerweise jeder einmal zu tun bekommt. Die überlieferten Texte listen sie auf als Lust, Abneigung, Trägheit und Apathie, Rastlosigkeit und Zweifel. Diese Bezeichnungen mögen zunächst eigenartig klingen, aber sie beziehen sich auf Erfahrungen, wie wir sie alle kennen. Lesen Sie die folgenden Beschreibungen. Wählen Sie die aus, die am ehesten auf Ihre Erfahrung passt, und folgen Sie den dazugehörigen Anweisungen für das weitere Üben.

1. Möglichkeit: Sie haben an etwas Wunderschönes gedacht, das Sie gern hätten, und jetzt kommen Sie mit Ihren Gedanken nicht mehr davon los. Vielleicht sind Sie in romantischer Stimmung, und Sie haben während der Zeit des Sitzens einen Liebesbrief entworfen. Oder Ihnen sagt das, was Sie bei diesem Retreat erleben, derart zu, dass Sie in Ihrem Geist schon dauernd Entwürfe und Pläne machen, wie Sie sich in Ihrem Garten eine Hütte einrichten, in die Sie sich regelmäßig zurückziehen können. Lesen Sie weiter auf Seite 91, „Meine Mami! Mein Papi!"

2. Möglichkeit: Sie fühlen sich bei diesem Retreat äußerst unwohl. Vielleicht gefallen Ihnen Ihr Raum und das Haus nicht oder das Wetter oder die Anleitungen. Sie sind verdrossen mit sich selbst, weil Sie sich auf so etwas eingelassen haben. Lesen Sie weiter auf Seite 95, „Im Schwimmbad in Jerusalem".

3. Möglichkeit: Sie sind unheimlich müde. Das Mittagessen hat Ihnen vollends den Rest gegeben. Nichts scheint verlockender als ein langer Mittagsschlaf. Lesen Sie weiter auf Seite 99, „Jetzt mal langsam".

4. Möglichkeit: Sie haben über ein bestimmtes Problem Ihres Lebens nachgedacht und machen sich jetzt selbst Vorwürfe, sich darüber den Kopf zerbrochen zu haben. „O je! Zuerst war das hier so eine entspannte Zeit. *Warum* musste ich ausgerechnet jetzt wieder darauf kommen?" Jetzt können Sie an nichts anderes mehr denken als an dieses Problem. Lesen Sie weiter auf Seite 101, „Hawaii ist *hier*".

5. Möglichkeit: Sie haben das Vertrauen in dieses ganze Unternehmen verloren. Ihnen kommt dieses Sitzen und Gehen und Überhaupt-nichts-*Tun* langsam ziemlich albern vor. Oder schlimmer noch: sinnlos. Das ist ein Ausdruck des Zweifelns, verkappt als gerechtfertigte Überzeugung. Lesen Sie weiter auf Seite 103, „Wenn Macbeth sich meldet".

6. Möglichkeit: Sie sind vollkommen zufrieden, und in diesem Fall brauchen Sie keine speziellen Anweisungen. Darum können Sie gleich weiterblättern bis auf Seite 107, „Erste Anweisungen zum Gehen am Nachmittag".

7. Möglichkeit: „Vollkommen *zufrieden*?! Ich bin *überhaupt nicht* zufrieden! Ich fühle mich einsam, reizbar, verwirrt und rastlos, und ich glaube keine Minute, dass das alles einen Wert haben soll!" Sie können aus dem Umstand Mut fassen, dass offenbar trotz dieser Empfindungen keiner der beschriebenen schwierigen Geisteszustände genau auf Sie zutrifft. Wenn Sie jetzt genügend Geduld haben, wird sich einiges klären. Lesen Sie einfach zügig weiter bis zu den „Ersten Anweisungen zum Gehen am Nachmittag".

„Meine Mami! Mein Papi!"

Mit seinen Wünschen richtig umgehen

Mancher, der die Erklärung des Buddha hört: „Die Ursache des Leidens ist das Verlangen", kommt zu dem Schluss, das Wünschen sei ein Problem und ein spiritueller Mensch zu sein heiße, sich nichts zu wünschen. Das stimmt nicht. Dass man sich bestimmte Dinge wünscht, gehört zu einem lebendigen Menschen. Jedoch erregt es den Geist und verwirrt ihn, wenn man sich ganz hartnäckig in einem Wunsch festbeißt, der gar nicht erfüllt werden *kann*. Das *verursacht* nicht Leiden – das *ist* Leiden.

Meine Enkelin Grace ist zwei Jahre alt. Wir verbrachten miteinander einen Abend, während ihre Eltern ins *Phantom der Oper* gingen. Grace kennt mich recht gut, und es machte ihr nichts aus, als ihre Eltern weggingen. Sie hatte ihnen fröhlich zum Abschied gewinkt und nachgerufen: „Tschüss Mami, Tschüss Papi!"

Wir lasen eine Stunde lang miteinander in einem Bilderbuch über die *Sesamstraße*, spielten mit ihrem Puzzle, schauten ein Kindervideo an. In Begriffen der „Geisteszustände" gesprochen, hätte man sagen können, Grace und ich waren ausgeglichenen, wachen Geistes, ohne blockierende Energien.

Als ich merkte, dass sie schläfrig wurde, sagte ich: „Grace, jetzt machen wir uns langsam zum Schlafen fertig." Sie war willig. Ich half ihr in ihren Schlafanzug, und versehen mit einem frischen Trinkfläschchen mit Apfelsaft, der Puppe, mit der sie schläft („mein Baby"), dem Trinkfläschchen der Puppe („mein Puppenfläschchen") und der „Babydecke" begab sich Grace zu Bett, und ich deckte sie zu.

„Omi auch liegen."

„Ja, Grace, ich lege mich auch hin." Fünf Sekunden Stille.

„Meine Mami! Mein Papi!"

„Ja. Mami und Papi kommen bald."

„Meine Mami! Mein Papi!"

Grace hatte angefangen, ihre entspannte, ausgeglichene Haltung zu verlieren, und mir ging es genauso. Ich schaute nach der Uhr und überschlug, wie viel Zeit noch war, bis Sarah und Michael wiederkommen würden.

„Meine Mami! Mein Papi!"

„Ja, Mami und Papi kommen bald. Komm, ich klopf dir auf den Rücken." Ich wusste, dass sie es mochte, wenn ich ihr den Rücken sanft tätschelte, und ich merkte, dass ihr kleiner Körper verspannt war, denn sie wälzte und wand sich hin und her und versuchte offensichtlich, sich wohl zu fühlen.

„Rücken klopfen."

„Ich klopf dir ja den Rücken. Bleib schön liegen. Mach die Augen zu."

Sie wälzt sich herum. „Bauch klopfen."

„Ja, ich klopfe dir den Bauch."

„Arm klopfen!" Sie reckt den Arm.

„Ich klopfe dir den Arm."

„Anderen Arm auch klopfen." Sie reckt mir den anderen Arm entgegen.

„Ich klopfe deinen anderen Arm."

„Meine Mami! Mein Papi!"

„Kommen bald!"

„Gesicht klopfen."

„Ich klopfe dein Gesicht."

Mir schien, solange sie getätschelt wurde oder während der Zwischenspiele, wenn sie nach ihrem Apfelsaft verlangte, ging ihr der Gedanke „Mami-Papi nicht da" aus dem

Kopf, und ihr Körper entspannte sich. „Ach", dachte ich dann, „wenn sie nur jetzt einschlafen würde..."

Aber plötzlich war der Gedanke wieder da: „Meine Mami! Mein Papi!"

Grace steigerte sich nie zu sehr hinein. Sie weinte auch nie. Aber sie kämpfte ganz eindeutig dagegen an, dass ihr Bedürfnis nach Mami und Papi nicht befriedigt wurde.

Auch ich geriet nicht aus der Fassung. Jedoch spürte ich, dass meine innere Ruhe ins Wanken kam. Ähnlich wie Graces müder Geist sich am Wunsch nach Mami und Papi verhakt hatte, blieb *mein* müder Geist immer öfter beim Gedanken an den Topf hängen, den ich Sarah hatte in den Kühlschrank stellen sehen. Je mehr Zeit verging, desto öfter musste ich an den Topf denken. „Wenn Grace eingeschlafen ist, esse ich noch etwas... Aber du hast doch schon zu Nacht gegessen... Wieso willst du noch etwas essen?... Es ist ja nur Sushi ... Ich habe noch Hunger... Im Topf ist Gemüse... Ich esse noch etwas."

„Meine Mami! Mein Papi!"

„Kommen bald, Grace."

Eine Stunde später sank Grace in den Schlaf. Ich konnte das daran erkennen, dass ihr Körper entspannt war, ihre Augen geschlossen blieben, ihr Atem regelmäßig ging und ihr das Trinkfläschchen aus den Händen glitt. Schon fast eingeschlafen, flüsterte sie noch einmal: „Meine Mami! Mein Papi!"

Grace ging mit ihrem Unlust-Zustand, mit ihren unerfüllten Wünschen so um, dass sie sich zusammennahm. Sie weinte nicht. Sie und auch ich dachten an alle Spielzeuge, die geeignet waren, sie bei Laune zu halten, und schließlich hatte sich ihre Unlust so weit gelegt, dass sie sich entspannen und einschlafen konnte. Ich stand auf und aß etwas aus dem Topf, jedoch nicht alles. Ich glaube, wir haben uns beide gut geschlagen.

Anweisung für das Meditieren

Sinnliche Gefühle und Phantasien kommen und gehen. Es sind die natürlichen Reaktionen des Geistes, wenn er etwas Angenehmes erkennt oder sich daran erinnert. Sie müssen nicht zum Problem werden. Wenn man sie zulässt, nimmt ihnen das ihre Kraft. Zügeln Sie den Impuls, eine vorübergehende Phantasie zu dramatisieren oder aufzubauschen, indem Sie Ihre Aufmerksamkeit etwas energischer auf Ihren Atem konzentrieren. Widerstehen Sie dem Impuls, sich selbst Geschichten zu erzählen. Dann blättern Sie weiter bis zu Seite 107, „Erste Anweisungen zum Gehen am Nachmittag".

Im Schwimmbad in Jerusalem

Mit Abneigung umgehen

Wenn der Geist von unangenehmen Gefühlen erfüllt ist, murrt er. Ihn reizt dann alles, was ihm über den Weg läuft. Er murrt sogar dann, wenn er weiß, dass das Unsinn ist. Diese Lektion lernte ich, als ich in Jerusalem schwimmen ging.

In dem Schwimmbecken, das ich in Sonoma County in Kalifornien regelmäßig besuche, geht es sehr ordentlich zu. Die Leute schwimmen vor und zurück; sie halten sich an die vorgezeichneten Bahnen und plantschen einem nicht ins Gesicht. Wenn ich mich dazugeselle, kann ich mich mühelos in eine dieser Bahnen einfügen. Ich wähle mir eine Gruppe Schwimmer, die ungefähr in meinem Tempo schwimmt und schließe mich ihr an. Dann schwimmen wir alle in langgestreckten Kreisbewegungen vor und zurück. Die Leute bleiben alle in der Bahn.

Voriges Jahr verbrachte ich einen Monat in Jerusalem. Bald nach meiner Ankunft beschloss ich, meine regelmäßigen Schwimmübungen auch hier weiterzuführen. So suchte ich mir ein Schwimmbad. Ich zog im Umkleideraum meinen Badeanzug an und ging mit dem Handtuch in der Hand hinaus und sah das Schwimmbecken zum ersten Mal. Es war voller sehr großer Frauen mit Badekappen, die im Zickzack in alle Richtungen wild durcheinander plantschten. Ich stieg behutsam ins Wasser und versuchte, eine Bahn vor und wieder zurück zu schwimmen. Fast unverzüglich prallte ich auf jemanden. Sie ärgerte sich. Ich entschuldigte mich, aber ich spreche nicht gut Hebräisch. Sie redete wie ein Schnellfeuergewehr auf mich ein, so dass ich gar nichts verstand. Mit wütenden Gesten machte sie den Bademeister auf mich aufmerksam. Ich fühlte mich gedemütigt. So beschloss ich, nur mit dem Kopf über Wasser zu schwimmen, um immer genau zu sehen, wo ich war, und mit niemandem mehr zusammenzustoßen. Selbst wenn die Leute mich kommen sahen, gingen sie nicht aus dem Weg. Sie standen mitten im Becken und *tratschten* miteinander!

Ich ging in Jerusalem jeden Tag schwimmen, aber ich schwamm mit großem Ingrimm, ständig mit gereizten Gedanken im Kopf wie „Es wäre gescheiter, sie würden Bahnen auszeichnen", „Sie sollten sich an die Regeln halten", „Wenn diese Frauen bloß schwätzen wollen, sollen sie das gefälligst im Liegestuhl tun, statt mitten im Becken". Beim Auf- und Abschwimmen war ich randvoll mit selbstgerechter Empörung. Das war alles andere als ein Vergnügen. Es machte mir keinen Spaß.

Eines Tages ließ ich nach dem Schwimmen während des Umkleidens mein inneres Gemurre weit genug abklingen und hörte mit, worüber die Frauen miteinander redeten. Sie sprachen in einer Kombination aus Russisch, Jiddisch und ein bisschen Hebräisch; es waren Immigrantinnen aus Russland, die noch gar nicht lange im Land waren. Ich sah ihre Gesichter und Körper: Sie waren älter, erschöpfter, ausgelaugter als ich. Viele hatten Krampfadern. Sie hatten fünfzig Jahre unter der Sowjetherrschaft gelebt und davor den Krieg überstanden. Plötzlich kam mir der Gedanke: „Da stehe ich hier in einer Dusche voller nackter jüdischer Frauen, und wir sind *sicher*." Plötzlich überkam mich ein Glücksgefühl, dass sie alle am Leben und wohlauf waren und sich hier im Becken tummeln konnten und dass ich dabei war.

Glücklich und vor allem auch sehr *erleichtert* war ich auch darüber, dass mein Herz mit einem Mal ganz anders eingestellt war. „Toll", dachte ich. „Jetzt hört das mit meinen dauernden gereizten Gedanken über diese Frauen auf, und ich kann in aller Ruhe mit ihnen im Becken schwimmen." Ich erzählte meinem Mann von meiner Sinneswandlung. „Jetzt stimmen meine Werte wieder", sagte ich zu ihm. „Mir sind diese Frauen sehr sympathisch. Sie können schwimmen, wie es ihnen passt."

Als ich das nächste Mal wieder schwimmen ging, planschten die Frauen wieder wie wild durcheinander, und mich überkamen wieder meine gereizten Gefühle. Sind die gegenwärtigen Umstände enttäuschend, so regt sich in einem Abneigung. So ist es nun einmal.

Gegen Ende meines Aufenthalts in Jerusalem erzählte ich meine Schwimmbaderfahrungen einigen Studenten, die meinen Meditationskurs besuchten. Ich wollte sie erzählen, um damit anhand eines anschaulichen Beispiels aus der unmittelbaren Umgebung zu zeigen, dass der Friede des Geistes nur möglich wird, wenn man fähig ist, an etwas nicht mit ganz bestimmten Erwartungen heranzugehen. Denn nur wer bestimmte Erwartungen hat, kann enttäuscht werden und wird dann Unlust empfinden. Einer der Studenten berichtigte mich. „Ich glaube, Sie haben das falsch angepackt", sagte er. „Sie hätten Ihr Problem dem Bademeister schildern sollen, und er hätte die Frauen anweisen müssen, in Bahnen zu schwimmen."

Ich glaube, an diesem Abend habe ich es nicht fertig gebracht, sehr überzeugend zu unterrichten. Wäre das der Fall gewesen, dann hätte mein Student begriffen, dass selbst dann, wenn die Frauen in Bahnen geschwommen wären, vielleicht etwas an der Temperatur des Wassers zu bemängeln gewesen wäre. Oder die Handtücher wären viel zu klein gewesen. Oder zu rau. Etwas stört immer.

Anweisung für die Meditation

Von Abneigung erfüllte Gefühle und Phantasien kommen und gehen. Sie sind die natürliche Reaktion des Geistes auf die Wahrnehmung von etwas Unangenehmem oder auf die Erinnerung daran. Sie müssen nicht zum Problem werden. Wenn man sie zulässt, nimmt ihnen das ihre Kraft. Gefühle der Abneigung bauen meistens im Körper Spannung auf. Darum recken Sie Ihre Arme und Beine und lockern Sie Ihre Schultern. Versuchen Sie zu lächeln. Setzen Sie sich fünf Minuten hin. Entspannen Sie sich. Lassen Sie Ihre Aufmerksamkeit bei den Empfindungen Ihres Körpers verweilen. Dann blättern Sie weiter bis zu Seite 107, „Erste Anweisungen zum Gehen am Nachmittag".

„Jetzt mal langsam"

Wenn der Geist erschöpft ist –
Trägheit und Apathie überwinden

Von Zeit zu Zeit geht unserem Geist die Puste aus. Er hat dann keine Energie mehr, fühlt sich verwirrt, gibt sich Tagträumen hin, schläft ein. Das ist vor allem nach dem Essen der Fall. Das Gegenmittel gegen diese Verschwommenheit besteht darin, genauer auf jeden einzelnen Augenblick seiner Erfahrung zu achten. Der Buddha nannte das „auf den Geist zielen".

Ein Beispiel dafür war mein Großvater, der oft „Jetzt mal langsam" zu sagen pflegte. Wenn ich diese Redewendung verwende, ist das ein Zeichen dafür, dass ich gerade nicht alles klar auf die Reihe bekomme. Mit anderen Worten heißt das dann: „Komm, mach langsamer. Jetzt prasselt gerade zu viel auf einmal auf mich ein. Ich bin überlastet. Ich bin verwirrt."

Wenn man sich auf einen einzigen Gegenstand konzentriert, fördert das die Klarheit. Tut man langsamer und weniger, so kann man seinen Geist ganz gezielt auf etwas Bestimmtes richten.

Mein Großvater bewegte sich langsam und tat immer nur eine Sache auf einmal. In seinem hohen Alter lebte er einige Zeit bei mir im Haus, und meine Kinder nahmen ihn gelegentlich in die Schule mit, um ihn den anderen vorzuführen und ihn erzählen zu lassen. Kein anderes Kind konnte mit einem fünfundneunzigjährigen Urgroßvater auftrumpfen. Im Haushalt war er uns eine große Hilfe. Seine Gesundheit war erstaunlich, und er verrichtete gern die verschiedensten Haushaltsarbeiten.

Sein einziges Gebrechen war, dass er immer schwerhöriger wurde. Wenn jemand etwas zu ihm sagte, musste er sich darauf immer ganz scharf konzentrieren, um es zu verstehen. Das war der Anlass, der zum regelmäßigen Spruch „Jetzt mal langsam" führte.

Es konnte zum Beispiel vorkommen, dass mein Großvater an der Spüle stand und Kartoffeln schälte, und ich kam dazu und fing zu reden an. Er konzentrierte sich aber gerade auf das Schälen, und außerdem lief das Wasser. Dann sagte er immer: „Jetzt mal langsam! Jetzt mal langsam!" Hierauf drehte er das Wasser ab, legte das Schälmesser beiseite, sah mir voll ins Gesicht und sagte: „Also, was ist los?" Das ist mit dem *Zielen* gemeint.

Anweisung für das Meditieren

Der Energiepegel unseres Geistes kennt genauso Höhen und Tiefen wie derjenige unseres Körpers. Niedrige Energiepegel brauchen kein Problem zu sein. Wenn man sie zulässt, nimmt ihnen das ihre Kraft. Setzen Sie sich fünf Minuten hin. Halten Sie die Augen offen. Versuchen Sie, ganz gezielt Ihren Geist auszurichten, indem Sie auf den Anfang und das Ende jedes Atemzugs achten. Dann blättern Sie weiter zu Seite 107, „Erste Anweisungen zum Gehen am Nachmittag".

Hawaii ist *hier*

Wenn man rastlos ist

Mitten in einer Unterrichtsstunde für Meditierende mit dem Titel „Umgang mit schwierigen Geistesenergien" kam mir zu Bewusstsein, dass die nächste Oase genau genommen immer direkt vor unseren Füßen liegt. An diesem Abend ging es um die Rastlosigkeit, also die Neigung eines überdrehten Geistes, ständig seine Umgebung nach möglichen Anlässen zur Sorge abzusuchen und aus ihnen Riesenprobleme zu spinnen. Da ich einen Großteil meines Lebens als besonders große Sorgenmacherin verbracht habe und mich jetzt im Großen und Ganzen als davon geheilt empfinde, spreche ich über dieses Thema immer mit besonderer Hingabe. Ich bin fest davon überzeugt, dass meine Genesung das Ergebnis meiner Meditationsübungen ist, und folglich brenne ich darauf, diese Kunde an andere weiterzugeben.

Nancy, eine erst vor kurzem dazugekommene Schülerin, sagte: „Es ist ganz merkwürdig. Wenn ich daheim bin, kann ich mich von meinen fast zwanghaften Sorgen kaum lösen. Erweist sich eine Sorge als grundlos, finde ich gleich etwas Neues. Aber ich habe den Eindruck, mein Geist hält bestimmte geographische Grenzen ein. Wenn ich nach Hawaii gehe, sind alle meine Sorgen wie weggewischt!"

„Hawaii ist *hier*!", entgegnete ich prompt. „Ja, das ist tatsächlich *hier*. Schauen Sie nur hin. Zwar fehlen die Palmen und der Strand, aber Toronto kann genauso befreiend wie Hawaii wirken. Der springende Punkt ist, dass mein Geist klar sieht, dass ich hier und jetzt an dieser Situation sowieso nichts ändern kann."

Jeder Augenblick der Achtsamkeit, jeder Augenblick des

entspannten, wachen Hier- und Jetztseins, jeder Augenblick, in dem der Geist nicht nach etwas zu greifen versucht, von dem er meint, er brauche es, oder sich nicht gegen etwas sperrt, von dem er meint, es sei ihm lästig, ist ein Augenblick der Freiheit. Manchmal bezeichnet man das als „reines Dasein", aber das klingt mir etwas zu erhaben. Ich glaube, es ist viel einfacher. Wenn wir gegenwärtig sind, sehen wir, was unmittelbar zu tun ist. Wir sehen auch die Grenzen dessen, was wir tun können. Alles *andere* entzieht sich unserer Verfügung. Was für eine Erleichterung!

Anweisung für die Meditation

In unserem Geist kommen und gehen Energiestürme; sie machen kribbelig und wühlen auf. Aber sie müssen kein Problem sein. Wenn man sie zulässt, nimmt ihnen das ihre Kraft. Atmen Sie einige Male langsam, tief und bewusst durch. Ein entspanntes Atmen beruhigt den Körper und befriedet den Geist. Setzen Sie sich weitere fünf Minuten hin und achten Sie darauf, dass Sie ganz entspannt atmen. Dann blättern Sie weiter zu Seite 107, „Erste Anweisungen zum Gehen am Nachmittag".

Wenn Macbeth sich meldet

Über den Umgang mit Zweifeln

Bei der Meditation machte ich eine Erfahrung so regelmäßig, dass ich schließlich dachte, sie sei unvermeidlich. Jetzt ist mir klar, dass es sich um eine Art Fast-Einsicht eines von Langeweile und vielleicht auch Verdrossenheit verwirrten Geistes handelt. Damals reagierte ich darauf immer mit „O je! Da kommt es schon wieder." Ich mochte es ganz und gar nicht.

Da ging ich also vor mich hin und übte mich so sorgfältig wie möglich in der Gehmeditation. Und plötzlich, als schalte jemand ein Tonband in mir ein, hörte ich dann: „Lauter Morgen, Morgen und Morgen / Schleichen herbei mit jedem kleinen Schritt… / Wandeln jäh sich in lauter Gestern, / Die den Weg weisen zum Tod, zum Zerfallen zu Staub…" Da war er also wieder: Macbeth, der mir deutlich vor Augen hielt, dass meine Erfahrung ermüdend geworden sei.

Wenn sich auf diese Weise Macbeth meldete, wiederholte er seine Worte unablässig in mir. Angefangen mit „Lauter Morgen…" ging es immer wieder weiter bis zu „Ein Märchen ist unser Leben. / Ein Narr erzählt's wohltönend oder im Zorn, / Und immer bleibt es nichtssagend und leer", um dann wieder von vorne anzufangen. Ich stellte mir vor, dass ein kosmischer unsichtbarer Sprecher seine Zeilen immer neu in meinem Geist aufsagte. Wenn mich meine Verfassung an einen Kassettenrecorder mit automatischer Wiederholung erinnerte, setzte ich meine volle mentale Kraft ein, um meine innere Kassette auszuwerfen. Das gelang nur selten.

Mich beschäftigte dann der Gedanke: „Warum bin ich überhaupt hier? Das ist doch alles vertane Liebesmühe. Die Sonne geht auf, die Sonne geht unter, unerbittlich kreist alles immer wieder neu, und wir alle kreisen um uns selbst und ‚machen spirituelle Übungen, um Erleuchtung zu erlangen'. Wer weiß überhaupt, was das alles soll?" Dann überkam mich Schwermut angesichts meines Zustands und des Zustands aller anderen, und schließlich fühlte ich mich angesichts meiner Mutlosigkeit niedergeschlagen. „Das ist alles nur ein Schwindel!", dachte ich dann. „Und irgendwie sind wir alle darauf hereingefallen – und jetzt sind wir albernerweise hinter etwas her, das sich in Luft auflöst."

Ich glaube, wenn sich auf diese Weise Macbeth meldet, handelt es sich um die verzerrte Deutung einiger grundlegender Wahrheiten. Tatsächlich wird alles Heutige morgen unablässig zum Gestrigen und erweist uns und alles, was wir erfahren und besitzen, als sehr vergänglich. Das stete Verrinnen der Zeit können wir nicht anhalten, und wir können uns auch nicht in einen Bereich außerhalb der Zeit begeben. Es mag als respektlos erscheinen, wenn es vom kosmischen Geschehen, das sich in Dimensionen entfaltet, die für uns einzelne Menschen unfasslich sind, heißt: „ein Narr erzählt's", aber immerhin ist das ein drastischer Hinweis auf die Hinfälligkeit und Unberechenbarkeit des Lebens. Was da alles geschieht, kommt uns oft sehr willkürlich vor.

Der Buddha lehrte, nichts geschehe ohne eine vorhergehende Ursache, und nichts geschehe, ohne eine bestimmte Wirkung auszulösen. Aus dieser Sicht verläuft alles im Kosmos nach bestimmten Gesetzen. In dieser Vorstellung steckt der befreiende Gedanke, dass man nichts persönlich zu nehmen braucht. Das heißt, wir sollten unser Bestes tun, uns um alles zu kümmern – um uns selbst, alle Lebewesen und unseren Planeten –, aber zugleich sollten wir immer daran denken, dass letztlich nicht wir für alles verantwortlich sind.

Eine der Einsichten, die alle zu erlangen hoffen, die sich im Einüben der Achtsamkeit üben, ist die in den inneren Zusammenhang aller Dinge. Wenn sich Macbeth meldet, ist das kein Fehler. Er sagt es drastisch (was mir liegt) und beschreibt es als etwas sehr Gewöhnliches („schleichen" und „kleine Schritte" sind nichts Großartiges), deutet jedoch genau auf die Wahrheit hin, dass letztlich alle Zeit und Erfahrung leer sind. „Wohltönend oder im Zorn, / Und immer bleibt es nichtssagend und leer": Das ist eine hervorragende Beschreibung, wie alles, was sich hier abspielt, von einem kosmischen Standpunkt her aussieht.

Schließlich hat sich aus allen diesen Auftritten von Macbeth in mir ergeben, dass ich deutlicher vor Augen habe, was die schlichte Wahrheit ist. Die Zeit vergeht. Alles geschieht, wie es geschehen muss. Wer weiß, warum gerade so? Irgendwie überstehen wir alles. Meine Auflehnung oder Verbitterung wandelt sich in entspanntes Annehmen, wenn ich es fertig bringe, darüber zu lachen. Bei der ich weiß nicht wievielten Wiederholung des Selbstgesprächs fällt schließlich der Groschen, wenn ich zu den Zeilen komme: „Stolz oder mürrisch hat es seinen Auftritt / Und tritt dann ab und ist nicht mehr zu hören." Ich blicke dann auf die anderen Meditierenden um mich herum und denke: „Da sitzen wir also alle stolz oder mürrisch…"

Anweisung zur Meditation

Es ist normal, wenn einen zeitweise Zweifel überkommen, bei denen die Aufmerksamkeit ins Wanken gerät und der Vorsatz erlahmt. Jeder erlebt solche Augenblicke. Sie müssen nicht zum Problem werden. Wenn man sie zulässt, schwächt das ihre Kraft. Achten Sie aufmerksam auf zersetzende Gedanken wie „Du machst es ganz falsch" oder „Das ist zu schwer für mich". Sie machen es richtig, und es ist leichter, als Sie glauben. Sitzen Sie weitere fünf Minuten. Richten Sie Ihre Aufmerksamkeit fest auf jeden Ihrer Atemzüge, von Anfang bis Ende. Dann lesen Sie auf der folgenden Seite die „Ersten Anweisungen zum Gehen am Nachmittag".

Erste Anweisungen zum Gehen
am Nachmittag

Die Ihnen entsprechende Geschwindigkeit wählen

Die Konzentration kommt nicht dadurch zustande, dass Sie sich an eine bestimmte Gehgeschwindigkeit halten. Sie stellt sich ein, weil Ihre Aufmerksamkeit sich auf dieses Tun konzentriert. Wenn Sie sehr langsam gehen, aber Ihr Geist überall herumschweift und von einem Schritt zum andern an tausend verschiedene Dinge denkt, könnten Sie auf diese Weise bis zum Mond marschieren, ohne zur Konzentration zu finden. Wenn Sie dagegen zehnmal schnellen Schritts um den Block laufen und dabei auf jeden Tritt achten würden, mit dem Sie den Boden berühren, wären Sie am Ende des Laufs ziemlich stark konzentriert. Worauf es entscheidend bei dieser Bemühung um Konzentration ankommt, ist, dass Sie für Ihre Vorwärtsbewegung die Geschwindigkeit finden, bei der Ihre Aufmerksamkeit konzentriert bleiben kann.

Auch das Bewusstwerden der Vergänglichkeit jeder Erfahrung kann sich bei jeder Geschwindigkeit einstellen. Wenn Sie sehr langsam gehen und genau auf jeden Schritt achten, können Sie deutlich merken, wie mit jedem Schritt der Druck auf der Fußsohle abnimmt, bis er ganz vergeht und dann wiederkehrt. Sie erfahren auf diese Weise das Entstehen und Vergehen von ganz kurzen Empfindungen des Drucks, des Sichlösens und der Schwere unter den Füßen.

Wenn Sie um den Block laufen und dabei ganz aufmerksam sind, nehmen Sie statt der kurzen Empfindungen in Ihren Füßen das ständige Auftauchen und Verschwinden immer anderer Szenen wahr. Solange Sie eine bestimmte Straße hinunterlaufen, haben Sie eine bestimmte Sicht. Wenn Sie um eine Ecke biegen, bietet sich Ihnen jäh eine neue Sicht. So entdecken Sie also das Entstehen und Vergehen in einem viel größeren Maßstab als beim ganz langsamen Gehen. Dabei kommt es nicht darauf an, ob Sie im großen oder im kleinen Maßstab zu dieser Erkenntnis kommen; entscheidend ist, dass sie überhaupt kommt.

Beim Gehen ist es wichtig, nicht auf ein Ziel aus zu sein, an das man kommen will. Wenn Sie langsam gehen, so schreiten Sie immer wieder auf Ihrer kurzen Gehstrecke auf und ab. Wenn Sie sich schnell bewegen wollen, wählen Sie sich eine längere Strecke aus. Aber stecken Sie sich kein bestimmtes Ziel. Üben Sie jetzt fünfundvierzig Minuten lang.

Sitzübung am Spätnachmittag

Das Erlangen von Einsichten

Die Erfahrung der Einsicht in die Natur aller Dinge, also die Erkenntnis der Wahrheit über das Leiden, das Verstehen der Energien, die den Geist verwirren, und das Wahrnehmen der Faktoren, die zur Erleuchtung führen – das alles nannte der Buddha den Bereich des Dharma, den Vierten Bereich der Achtsamkeit. Wie alles andere entstehen und vergehen auch Einsichten. Wiederholte Einsicht führt zu Weisheit.

Sie können sich nicht einfach hinsetzen und sagen: „So, und jetzt übe ich mich in Verständnis, Einsicht und Weisheit ein." Das alles ist nicht verfügbar. Es stellt sich als Frucht des Übens ein, wann es will.

Sie haben Ihre Aufmerksamkeit geschärft, indem Sie sich an die genaueren Anweisungen für das Sitzen, Gehen und Essen gehalten haben. Alle diese Anweisungen tragen dazu bei, den Geist von seinen gewohnten Verhaltensmustern abzubringen. Wenn man sich an bestimmte Anweisungen halten will, bedarf es einiger Anstrengung. Sie haben versucht, Ihre Aufmerksamkeit ausschließlich auf Ihr Atmen zu richten. Sie haben versucht, beim Gehen die einzelnen Empfindungen Ihres Körpers wahrzunehmen. Sie haben versucht, genau darauf zu achten, wo Sie Lust und Unlust empfinden, und Sie haben versucht, mit schwierigen Geistesverfassungen umzugehen. Bei allen diesen Versuchen ging es darum, den Geist zur Stille zu bringen und ihn sich schärfer konzentrieren zu lassen. Und jetzt versuchen Sie überhaupt nichts.

Die Anweisung für die folgende Sitzübung lautet: Tun Sie nicht irgendetwas, sondern sitzen Sie einfach. Sitzen Sie mit offenen oder geschlossenen Augen. Entspannen Sie sich. Seien Sie erwartungsvoll, ohne etwas Bestimmtes zu erwarten. Ihr Atem kommt und geht, Körperempfindungen kommen und gehen, Geräusche kommen und gehen. Gefühlsschwankungen und Geisteszustände kommen und gehen. Alles kommt und geht, und alles kommt und geht ganz von allein.

Wenn Ihre Aufmerksamkeit sich während des Sitzens in etwas Bestimmtem verhakt – in irgendeinem Gedanken, einer Stimmung oder einem Gefühl –, dann machen Sie die direkte Erfahrung der Ursache des Leidens. Es tut nichts zur Sache, ob das, was Sie bewegt, angenehm oder unangenehm ist. Der Geist fühlt sich sowohl beim Anhaften wie bei der Abneigung unwohl. Er ist nicht frei.

Wenn Ihre Aufmerksamkeit sich während des Sitzens in nichts Bestimmtem verhakt, so machen Sie die direkte Erfahrung des Aufhörens des Leidens. Die Frage von angenehm oder unangenehm stellt sich hier nicht. Sie sind dann imstande, mit entspanntem Interesse das Vorbeiziehen aller Phänomene zu beobachten. Ihr hellwacher Geist ist von keiner Anhaftung oder Abneigung beeinträchtigt und fühlt sich wohl. Er ist frei.

Gehen am Spätnachmittag

Mit Weisheit gehen

Wenn man mit Achtsamkeit meditiert, verändert das nicht das Leben. Das Leben bleibt so zerbrechlich und unvorhersagbar wie eh und je. Doch wenn man meditiert, verändert sich die Fähigkeit des eigenen Herzens, das Leben so anzunehmen, wie es ist. Das Herz lernt, sich besser auf alles einzustellen, nicht indem es sich unterwirft, sondern weil ihm klar wird, dass das Sich-Einstellen auf die jeweiligen Umstände sich lohnt. Sich mit seinem Herzen auf etwas einzustellen ist nicht immer leicht. Doch das Wissen darum, dass es diese Möglichkeit gibt, ist sehr inspirierend. Hat man ein Herz, das sich auf alles einstellen kann, so ist das die höchste Freiheit.

Wenn man es übt, sich auf die kleinen Enttäuschungen des Lebens einzustellen, wie sie sich von einem Augenblick zum andern ereignen, bereitet man sich darauf vor, besser mit den großen Herausforderungen des Lebens zurechtzukommen. Dabei geht es nicht darum, seine eigenen Vorlieben ganz abzulegen, sondern offen und entspannt zu bleiben, wenn Ihnen etwas ganz zuwiderläuft. Wenn das Herz mit den großen Enttäuschungen des Lebens konfrontiert wird, sieht es sich einem höheren und schwierigeren Anspruch ausgeliefert, als wenn es sich nur mit kleineren Unzulänglichkeiten herumschlagen muss. Die Achtsamkeitsmeditation ist eine Möglichkeit, sich mit Hilfe kleinerer, alltäglicher Dinge auf die Bewältigung der großen Herausforderungen vorzubereiten.

Gehen Sie locker vor sich hin und betrachten Sie aufmerksam, was Sie sehen. Wenn Sie können, beobachten Sie die Art, wie bereits ein einziger Tag ruhiger Achtsamkeit zu einem entspannteren Geist führen kann. Wenn unser Geist die Fähigkeit des Sich-Einstellens auf die jeweiligen Umstände entwickelt, ist das ein Zeichen von Weisheit. Ich stelle mir vor, dass der Geist sich umsieht und sagt: „Das ist es also. Du magst es mögen oder nicht: So spielt es sich ab."

Das Broccoli-Phänomen

Bei Retreats kann ich regelmäßig das Broccoli-Phänomen als klassisches Anschauungsbeispiel für die Anpassungsfähigkeit des Geistes miterleben. Vermutlich sind ziemlich viele Menschen, die an Kursen in Achtsamkeitsmeditation teilnehmen, nicht gerade begeisterte Broccoli-Esser. Vielleicht gehören Sie auch zu ihnen. Die Suppe, die am ersten Abend ausgeschöpft wird, ist voller Broccolistückchen. Sie denken sich vielleicht: „Na ja, ich weiß nicht, ob ich mich hier so wohlfühlen werde. Ich hoffe, das ist das einzige Mal, dass es Broccoli gibt." Anschließend fangen Sie an, sich in Achtsamkeit zu üben, Sie sitzen bestimmte Zeitabschnitte still da, machen zu anderen Zeiten langsame Gehübungen, spüren Ihren Atem beim Sitzen oder Ihre Füße beim Gehen.

Sie werden ruhiger. Das Frühstück macht keine Schwierigkeiten. Keine Rühreier, der Tee ist nicht zu bitter, nichts besonders Anregendes, aber insgesamt ist alles in Ordnung. Dann das Mittagessen. Ein großes Stück Braten wird gereicht, dazu gemischtes Gemüse, *darunter* Broccoli. Und gedünsteter Reis. „O je, was mache ich jetzt? Soll ich bloß den Reis essen? Aber dann bekomme ich bald wieder Hunger. Vielleicht esse ich zum Reis den Braten und sortiere den Broccoli aus. Ich hoffe, den muten sie mir nicht noch einmal zu!"

Aber das tun sie. Ihr Geist widmet ein unziemlich hohes Maß an Zeit dem gefürchteten Broccoli:

„Was haben die bloß für eine Köchin!"

„Wenn ich wieder daheim bin, schicke ich denen einige ordentliche Kochbücher!"

„Können die sich gar nicht vorstellen, dass jemand gegen Broccoli *allergisch* sein könnte?"

„Vielleicht sollte ich der Küche eine Rückmeldung zukommen lassen. Die sind ja völlig einfallslos…"

„Ich wette, auf ihrer Einkaufsliste ist Broccoli der Hauptposten!"

„Wenn sie schon unbedingt Broccoli servieren wollen, dann könnten sie ihn zumindest extra kochen und gesondert auftragen, statt ihn überall hineinzumischen."

Tage vergehen, Mahlzeiten vergehen, und nach etlichen weiteren Klagen über das Essen, die zeitweise Ihren Geist erregen, entwickeln Sie immer mehr innere Ruhe. Sie sitzen, gehen, atmen, setzen achtsam Ihre Füße auf – Stunde um Stunde, und nach und nach kommt Ihr Geist durch sorgfältiges Sich-Konzentrieren zur Ruhe. Das stellt sich kontinuierlich ein, aber gewöhnlich unmerklich, so dass Sie zuweilen gar nicht wahrnehmen, dass es vor sich geht.

Am Broccoli-Phänomen können Sie die Wirkung Ihrer Übung ablesen. Sie betreten das Speisezimmer, und wieder prangt groß Broccoli auf dem Teller – Sie aber empfinden fast keine Reaktion darauf. Ihr Geist hat sich darauf eingestellt. Vielleicht lächeln Sie sogar. Oder es kommt Ihnen sogar der Gedanke: „Jetzt hoffe ich nur, sie lassen bei keiner Mahlzeit mehr den Broccoli weg, denn sonst kann ich daheim keine auch nur annähernd so gute Geschichte erzählen."

Würde die Achtsamkeitsmeditation nur bei Broccoli funktionieren, wäre ihr Wert ziemlich begrenzt. Doch die Achtsamkeitsmeditation wirkt bei allen Broccoli-Erfahrungen des Lebens, bei allen unvermeidlichen Schmerzen des Körpers und Enttäuschungen des Geistes, die ständig und grundsätzlich zu unserer Lebenserfahrung gehören.

Das Ziel dieser Übung ist nicht, ein für alle Mal alle Schmerzen abhaken zu können, denn das geht nicht. Es geht auch nicht darum, an einen Punkt jenseits von Angenehmem und Unangenehmem, Vorliebe und Abneigung zu gelangen, denn das sind natürliche Reaktionen auf das Leben. Die Übung der Achtsamkeit macht den Geist geschmeidiger, damit er klar sehen und mit Weisheit reagieren kann.

Mir kommt es so vor, als verfügte ich an manchen Tagen über mehr Weisheit als an anderen. Der Grad meiner Weisheit steht und fällt eher mit meinem Maß an Achtsamkeit als mit den jeweiligen äußeren Umständen. Wenn der Geist entspannt ist, fallen seine Urteile reifer und gründlicher aus.

Shanti, die Oberköchin bei vielen Meditationskursen, die ich veranstalte, erzählte mir, welchen Rat ihr ihre Lehrerin Mrs. Hammond gegeben hat, um ihre Abneigung gegen Mathematik zu überwinden. „Pass auf", hat sie zu ihr gesagt, „ein bisschen Mathematik wirst du jeden Tag deines ganzen weiteren Lebens brauchen. Darum ist es besser, du stellst dich darauf ein und lässt deine Abneigung bleiben."

Im gleichen Sinn wie Mrs. Hammond möchte ich sagen: „Jeden Tag Ihres ganzen weiteren Lebens wird Ihnen irgendeine Sorte Broccoli zugemutet werden." Darunter werden belanglose, nicht so wichtige Unannehmlichkeiten sein, aber auch ziemlich schwere Zumutungen.

Shanti verwendet für ihre Gerichte nicht allzu viel Broccoli. Selbst wenn sie es täte, würde mir das nichts mehr ausmachen. Ich mag nämlich Broccoli. Es ist Sellerie, womit ich meine Probleme habe.

Das Abendessen

Jetzt folgen noch einige weitere Anweisungen für das Essen. Die technischen Anweisungen kennen Sie schon: Schauen Sie das Gericht genau an, riechen Sie die einzelnen Dinge, schmecken Sie sie, essen Sie langsam. Zu den Anweisungen für das Essen gehörte auch, man solle auf seine Reaktionen auf die Speisen achten (angenehm… neutral … unangenehm) sowie auf die damit verbundenen Geisteszustände (toll! … na ja … uh!). Beim jetzigen Abendessen kann die Aufmerksamkeit sich ausweiten und den Vierten Bereich der Achtsamkeit mit einbeziehen: das Achten auf die Wahrheit der Erfahrung. Lesen Sie zuerst diese Anweisungen, und dann befolgen Sie sie.

Setzen Sie sich einige Minuten vor Ihr Gericht, bevor Sie mit Essen anfangen. Beobachten Sie, was *genau* geschieht, das Sie veranlasst, mit dem Essen zu beginnen. Es ist ja ein willentliches Tun, und so muss es einen Auslöser haben. Was ist der Auslöser? Was geschieht unmittelbar in dem Augenblick, bevor Sie mit Essen anfangen? Was geschieht unmittelbar in dem Augenblick, in dem Sie damit aufhören? Beobachten Sie, wie Sie eine Zeit lang kauen und dann schlucken. Was bestimmt den Augenblick des Kauens? Ist es ein Gedanke? Eine Körperempfindung? Wie geschieht das Schlucken?

Was ist der Auslöser, dass Sie mit der Gabel (oder dem Löffel) den nächsten Bissen aufnehmen? Das Aufnehmen ist ein willentliches Tun, und folglich geschieht *irgendetwas*. Was ist das? Was geschieht in Ihrem Geist, wenn Sie einen Bissen auf halbem Weg zum Mund zum Halten bringen und wieder auf den Teller legen? (Machen Sie diese Übung nicht öfter als einmal – sonst fangen Sie an, sich zu ärgern.).

Können Sie den genauen Moment feststellen, in dem Ihr Appetit verschwindet? Wohin ist er gegangen? Hat das Essen gehalten, was Sie sich davon versprochen haben? Ist Ihnen aufgefallen, ob zuerst Ihr Essen vom Teller oder Ihr Appetit verschwunden ist? Sind Sie zufrieden, oder verspüren Sie ein Gefühl der Enttäuschung?

Das sind nur einige *allgemeine* Anregungen. Wenn Sie selbst Spürsinn und Aufmerksamkeit für die Erfahrungen entwickeln, die man beim Essen beobachten kann, lassen sich dabei genauso viele Einsichten gewinnen wie auch sonst irgendwo.

Sie meinen vielleicht jetzt, das sei eine ziemlich auf das Ich fixierte Form des Essens; aber die Buddhisten glauben nicht, dass es ein Ich gibt. Stellen Sie es sich einfach als bewusstes Essen vor.

Dharma-Vortrag am Abend

Die sieben Faktoren der Erleuchtung

Der Buddha betätigte sich vor zweieinhalbtausend Jahren sehr lange als Lehrer. Er hielt Vorträge. Er durchwanderte vierzig Jahre lang Indien, und wo immer er hinkam, scharten sich die Menschen um ihn und hörten ihm zu. Oft wurden sie schon durch das bloße Zuhören erleuchtet.

Ein Vortrag im Stil des Buddha, also auf die Art, wie er eine philosophische Vorstellung oder eine Meditationsmethode erklärt, wird als „Dharma-Vortrag" bezeichnet. Diese Vorträge sind längst zum festen Bestandteil heutiger Achtsamkeitsmeditationskurse geworden. Die Teilnehmer warten schon immer gespannt darauf. Sie sind wie die Mahlzeiten eine der wichtigen Anregungen in einem ansonsten kargen Tagesplan.

Als ich das Meditieren zu lehren begann, stellte ich zu meiner eigenen Überraschung fest, dass ich ungern darüber Vorträge hielt; ich war mir dabei in meiner Rolle als Lehrerin nicht so sicher wie sonst. Etwas über buddhistische Philosophie vorzutragen, war für mich etwas ganz anderes, als über Entwicklungspsychologie oder sonst etwas zu sprechen, das ich bislang gelehrt hatte. Bei weltlichen, wissenschaftlichen Themen fühlte ich mich mit anderen, zeitgenössischen Lehrern verbunden. Jetzt, als ich Meditation lehrte, verknüpfte mich das plötzlich durch die lange Generationenreihe mit dem Buddha. Das weckte in mir ein Gefühl großer Ehrfurcht und Ehre: Immerhin waren viele Menschen *erleuchtet* worden, als sie dem Buddha zugehört hatten.

Im Laufe meiner Unterrichtätigkeit als Meditationslehrerin hat sich dieses besondere Gefühl gelegt. Tatsächlich ist auch die Meditation ein Unterrichtsgegenstand wie viele andere. Zum Unterricht über den Buddha gehört eine ganze Menge von Geschichten, und ich habe das Talent zum Geschichtenerzählen. In der Zeit, in der ich durch andere Lehrer unterwiesen wurde, merkte ich, dass sie immer wieder die gleichen Vorträge hielten und die gleichen Geschichten erzählten. Weil alle diese Vorträge und Geschichten ein und dieselbe Botschaft enthalten, wurde ich nie müde, sie mir anzuhören: Der Friede ist möglich, in diesem jetzigen Leben und in diesem meinem Körper.

Mein Lieblingsvortrag war der über die Sieben Faktoren der Erleuchtung, also die Erläuterung der speziellen Geistesfähigkeiten erleuchteter Menschen. Als ich zum erstenmal hörte, dass weise Menschen über diese sieben Eigenschaften ganz von allein und in vollkommener Ausgewogenheit verfügten, dachte ich: „O je! Das ist ganz und gar nicht eine Beschreibung dessen, wie ich bin!" Doch als ich dann erfuhr, man könne diese Fähigkeiten so lange *einüben*, bis sie sich schließlich von selbst äußern, fühlte ich mich wieder zuversichtlicher.

Ich bringe jetzt eine praktische Unterweisung darin, wie man die Faktoren der Erleuchtung einübt. Lesen Sie diese. Lesen Sie jeden Abschnitt für sich und halten Sie ein, sooft Sie an eine Übungsanweisung kommen. Machen Sie dann die jeweilige Übung, damit Sie die sieben Faktoren selbst an sich erfahren können.

Keiner dieser Faktoren der Erleuchtung ist eine Fähigkeit außerhalb der Reichweite der normalen Erfahrungen des Menschen. Es sind allgemein menschliche Zustände. Konzentration, Stille und Ausgeglichenheit sind unterschiedliche Aspekte der inneren Disziplin. „Gepacktwerden", Energie und Forschergeist sind die aktiven Komponenten eines wachen Geistes. Die Achtsamkeit als das nichtreaktive, volle Erfassen der gegenwärtigen Erfahrung wird in den traditionellen Aufzählungen als der siebte Faktor der Erleuchtung und auch als die Summe der sechs anderen Faktoren genannt.

Jede und jeder verfügt schon über Erfahrungen tiefer **Konzentration**. Sie stellen sich ganz von selbst ein, sooft die Aufmerksamkeit von etwas ganz in Beschlag genommen wird. Sie konzentriert sich dann auf einen einzigen Punkt, wobei sich die Wahrnehmung der Zeit verändert. Das kennen Musiker, vor allem solche, die in Ensembles spielen. Auch Skifahrern oder Mountainbikern auf steilen Pfaden ist es geläufig. Oder wer einen Kriminalroman liest, kann sich darin derart vertiefen, dass er alles um sich herum vergisst, erst nach Stunden aufhört und staunt, wie viel Zeit vergangen ist. Versuchen Sie sich jetzt an Zeiten zu erinnern, in denen Sie ganz von allein konzentriert waren. Versuchen Sie sich zu vergegenwärtigen, wie sich Konzentration anfühlt.

Jetzt versuchen Sie, sich ausschließlich auf Ihren Atem zu konzentrieren. Wenn Sie die Anweisung hierzu gelesen haben, legen Sie das Buch beiseite, und schließen Sie die Augen. Lassen Sie es zu, dass Ihr Atem dort für Sie spürbar wird, wo er sich von allein am deutlichsten bemerkbar macht. Halten Sie darauf Ihre Aufmerksamkeit konzentriert. Widerstehen Sie allen Impulsen, Ihre Aufmerksamkeit abschweifen zu lassen. Das bedarf einiger Anstrengung und ist nicht ganz ohne Anspannung zu erreichen. Aber es lohnt sich. Es baut die Konzentration auf. Verwenden Sie einen Wecker, wenn Sie einen haben. Sitzen Sie zehn Minuten lang.

Unter „**Gepacktwerden**" verstehe ich im Zusammenhang mit Meditation und Achtsamkeit das verstärkte Wahrnehmen von körperlichen Empfindungen. Es stellt sich spontan ein, wenn die Aufmerksamkeit konzentriert ist. Ich habe schon gespürt, wie mein Körper auf Hochtouren lief und wesentlich schneller atmete, wenn ich Wettschwimmern zusah oder mit Frauen in Wehen oder Sterbenden zu tun hatte. Ist die Aufmerksamkeit konzentriert und wach, so wird auch das Bewusstsein für die Energien des Körpers geschärft.

Das „Gepacktwerden" stellt sich auch bei der Meditation ein. Manche dieser Erfahrungen des „Gepacktwerdens" sind so stark, dass sie bei Kursen für die anderen Teilnehmer sichtbar werden. Diese denken dann womöglich besorgt: „O je! Warum dieser Mensch wohl so hin- und herwippt? Ich hoffe, das passiert mir nie!" oder: „Worüber lächelt die so?" oder: „Warum weint der?" oder: „Warum passiert *mir* das nie?"

Das „Gepacktwerden" ereignet sich in vielen Formen; nicht alle erleben die gleichen. Gewöhnlich ist das „Gepacktwerden" bei der Meditation etwas Leises. Wenn Geist und Körper tief zur Ruhe kommen, entspannt sich der Körper. Viele berichten, dass sie dann eine angenehme Wärme empfinden oder eine wohltuende Frische; oft stellt sich ein prickelndes Gefühl ein oder man fühlt sich wunderbar leicht und weit. Manchmal bekommt man auch nur eine Gänsehaut.

Versuchen Sie jetzt gleich das „Gepacktwerden" in Ihrem eigenen Körper zu empfinden. Setzen Sie sich entspannt und ganz still hin. Fühlen Sie Ihren ganzen Körper. Beobachten Sie seine Energie. Kribbelt sie? Pulsiert sie? Fühlt sie sich warm an? Oder kühl? Oder schwer? Oder leicht? Richten Sie jetzt Ihre gesamte Aufmerksamkeit auf einen bestimmten Teil Ihres Körpers, etwa auf Ihren linken Ellbogen oder Ihren rechten Knöchel. Beobachten Sie, wie sich von diesem Bereich her, wenn Sie das tun, deutlich stärker wahrnehmbare Empfindungen in Ihrem Geist einstellen. Tasten Sie jetzt mit dieser Übung der Reihe nach Ihren ganzen Körper ab. Fangen Sie bei Ihren Füßen an, und bewegen Sie sich durch Ihren Rumpf bis hinauf zu Ihrem Scheitel. Lassen Sie auf diese Weise Ihren gesamten Körper für Ihr Bewusstsein erwachen. Tun Sie das jetzt. Sitzen Sie zehn Minuten lang.

Bei der **Stille** hat man das Gefühl, der Geist liege wie ein ruhiges Wasser da. Ein anderes Wort dafür ist deshalb „Ruhe". Man könnte sie auch als Unerschütterlichkeit bezeichnen.

Vor fünfzehn Jahren kam Dipa Ma, eine ältere Inderin und bekannte Meditationslehrerin, für einige Zeit in die USA. Meine Lehrer lernten bei ihr und wollten sie unbedingt anderen Schülern aus der Bewegung der Achtsamkeitsmeditation vorstellen. So veranstalteten wir Kurse mit ihr in meinem Wohnzimmer, weil das groß genug war, um etlichen Leuten Platz zu bieten.

Dipa Ma war eine ganz kleine, zierliche Frau. Zur Zeit, als sie in mein Haus kam, besaßen wir einen sehr großen Akita namens Yuki. Akitas sind angsterregend aussehende Hunde, und normalerweise wagten Gäste, wenn sie Yuki sahen, nicht ohne weiteres das Haus zu betreten, sondern mussten erst dazu ermutigt werden. Dipa Ma kam herein, als wäre nichts. Yuki erhob sich zu ihrer Begrüßung. Beide waren fast gleich groß, nur war Yuki viel schwerer. Dipa Ma legte dem Hund die Hände auf den Kopf und segnete ihn. Diese Frau war unerschütterlich. Sie trug die Stille wie ein langes Kleid.

Meine Lieblingsgeschichte über die Stille stammt von meiner Freundin Anna, einer Lehrerkollegin am Meditationszentrum von Spirit Rock. Es ist schon länger her, als Anna während einer Zeit intensiver Meditationsübungen einen „völlig neuen Geisteszustand" entdeckte. Sie beschreibt, wie sie sich deutlich seines neuen und ungewohnten Charakters bewusst gewesen sei. „Eine Zeit lang fragte ich mich, was das sei. Dann merkte ich, dass es Stille war."

Gewöhnlich lachen die Zuhörer, wenn Anna diese Erfahrung beschreibt. Ich glaube, dieses Lachen bezieht sich vor allem auf die humorvolle Art, mit der Anna diese Geschichte erzählt. Im Übrigen drückt es die Verlegenheit der Leute aus. Ihnen geht auf, dass sie äußerst selten einmal wirklich Stille empfinden.

Üben Sie sich jetzt im Empfinden der Stille. Setzen Sie sich still hin, und achten Sie darauf, dass Ihr Körper wirklich entspannt ist. Sie werden dann gleich die Augen schließen. Wenn Sie das tun, lassen Sie Ihre Aufmerksamkeit bei Ihrem Atmen verweilen und nutzen Sie die Regelmäßigkeit Ihrer Atembewegungen zum Einüben der Stille. In der Sutra über die Grundlagen der Achtsamkeit lautet ein Satz: „Der Übende kann während des tiefen Zugs des Einatmens denken: ‚Ich beruhige meinen Körper' und beim tiefen Ausatmen: ‚Ich beruhige meinen Körper'." Das Gleiche können Sie jetzt tun. Versuchen Sie es jetzt. Sitzen Sie zehn Minuten lang.

Beim **„Forschergeist"** handelt es sich um jene Eigenschaft des Geistes, die sich auf jede Erfahrung einlässt, und zwar mit der Erwartung, dass durch ein tieferes Schauen verborgene Geheimnisse offenbart werden. Dazu bedarf es einigen Glaubens. Unlängst erhielt ich von jemandem ein Buch mit dreidimensionalen Bildern. Wenn man diese Bilder zunächst betrachtet, kommen sie einem wie normale zweidimensionale Graphiken vor. Doch wenn man den Blick ganz entspannt einige Zeit darauf richtet, kippen sie plötzlich ins

Dreidimensionale um. Immer wieder starre und starre ich auf diese Bilder. Ich ziehe sie mir näher vors Gesicht und vergrößere langsam wieder den Abstand, genau wie es in der Anleitung steht, aber gewöhnlich passiert überhaupt nichts. Ich versuche es hartnäckig weiter. Ich glaube fest, dass es in diesen Bildern etwas zu entdecken gibt, denn mein Mann sagt immer wieder: „Schau doch hin! Da ist es doch! Entspann deine Augen!" Ich weiß, dass man sehen kann, was in diesen Bildern „steckt", weil er es sieht, und weil auch ich es schon in *einigen* dieser Bilder gesehen habe. So versuche ich weiterhin, jedes dieser Bilder anzuschauen, *als ob* ich es dieses Mal sehen würde. Ich betätige also zuversichtlich meinen „Forschergeist".

Manchmal gehe ich in einen Meditationskurs mit der Vorstellung, dort müsse sich mir endlich ein tieferes Verständnis offenbaren. Ich sage mir dann: „Ich hoffe sehr, dass ich während der kommenden Sitzübungen ein tieferes Verständnis der Unbeständigkeit gewinne" oder: „Ich hoffe, dieses Mal geht mir die innere Verbundenheit aller Wesenheiten auf." Manchmal nehme ich tatsächlich etwas Neues wahr. Manchmal auch überhaupt nicht. Nicht jeder Anlauf zum Erforschen liefert neue Erkenntnisse, aber der „Forschergeist" ist notwendig, damit man überhaupt etwas findet.

Lesen Sie diese Anweisungen zum Einüben des „Forschergeistes" und setzen Sie sie dann in die praktische Übung um. Achten Sie genau auf die Anfänge und das Aufhören jeder Erfahrung. Beobachten Sie, wie jede von ihnen, so lang oder kurz sie sein mag, anfängt und aufhört. Sie können mit Ihrem Atem beginnen: „Der Atemzug setzt ein, der Atemzug erstirbt." Sie können auch das Entstehen und Vergehen anderer Körperempfindungen beobachten: „Juckreiz setzt ein – Juckreiz hört auf" oder „Kribbeln setzt ein – Kribbeln

hört auf." Beobachten Sie, wie Gedanken anfangen und aufhören, ganz ähnlich wie die rasch wandernden Leuchtbuch-
staben auf den Nachrichtenbändern in manchen Großstäd-
ten.

Wenn Sie nach einiger Zeit den Wunsch verspüren, noch
etwas gründlicher weiterzuforschen, können Sie vielleicht
noch genauer darauf achten, woher die Atemzüge, die Körperempfindungen oder die Gedanken kommen. Oder wohin
sie gehen. Oder was von ihnen zurückbleibt. Und wer ist es
eigentlich, der sie beobachtet? Bei dieser Art des Erfor-
schens geht es nicht darum, sich das *genauer vorzustellen*,
sondern ganz offen zu sein für eine Einsicht, die vielleicht
bereit ist, sich einzustellen. Sitzen Sie jetzt zehn Minuten
lang.

Ausgeglichen zu sein bedeutet nicht, dass man alles eineb-
net; es handelt sich vielmehr um die Fähigkeit, mitten in
einem Leben, in dem man für alles wach ist und spontan
reagiert, immer wieder zu seiner ruhenden Mitte zurückzu-
finden. Ich möchte nicht dauernd ruhig dahinleben. Sowohl
in der Kultur, in der ich aufgewachsen bin, als auch in den
Beziehungen, in denen ich lebe, sind leidenschaftliche, en-
gagierte Reaktionen gefragt. Ich muss immer wieder lachen
oder weinen, und ich bin froh, dass das so ist. Doch worauf
ich Wert lege, ist die Fähigkeit, dazwischen immer wieder
ins Lot zu kommen.

Bei einem der ersten Forschungsprotokolle über die Meditation, die ich las – es war vermutlich anfangs der sieb-
ziger Jahre –, handelte es sich um die Beschreibung einer
Untersuchung, bei der es darum ging, festzustellen, in welchem Maß sich unterschiedliche Menschen zerstreuen
ließen. Außerdem wurden Schreckreaktionen gemessen.
Dazu wurden Meditierende, die sich in tiefe Ruhe, etwa im

Stil der Achtsamkeit, eingeübt hatten, an EEG-Geräte ange-
schlossen, die die Muster ihrer Gehirnwellen aufzeichne-
ten. Wenn sie bei der Meditation saßen und die erwarteten
Alpha-Wellen produzierten, ließen die Forscher in unregel-
mäßigen Abständen Klingeln oder laute Summer ertönen.
Die EEG-Muster der Meditierenden ließen deutliche Schreckreaktionen erkennen, kehrten jedoch immer wieder sehr
schnell zu den Wellenmustern zurück, die eine entspannte,
ruhige, konzentrierte Aufmerksamkeit anzeigen.

Stellen Sie sich vor, Sie gehören zu den beschriebenen
Testpersonen. Legen Sie dieses Buch gleich weg. Schließen
Sie die Augen. Bleiben Sie ganz aufmerksam. Beobachten
Sie, wie Ihr Geist auf Anreize reagiert: auf Geräusche von
draußen, auf Gedanken und Gefühle von innen. Achten Sie
darauf, wie das genaue Beobachten dazu beiträgt, den Geist
wieder ins Gleichgewicht zu bringen. Das tut es tatsächlich.
Versuchen Sie es, und erleben Sie es selbst. Sitzen Sie zehn
Minuten lang.

Den Faktor „**Energie**" habe ich als vorletzten Punkt vorge-
sehen, denn er wird einleuchtender, wenn man schon die
anderen Faktoren kennt. „Energie" wird gelegentlich als
„Interesse" definiert. Ich stelle sie mir als einen Begeiste-
rungsschub für das Üben vor. Früher nannte man das „Eifer".

Die Energie ist die Reaktion des Geistes auf die Erfahrung, dass das Üben tatsächlich etwas bewirkt. „Toll! Schau
nur! Ich kann mich tatsächlich konzentrieren. Ich bin wirklich ruhig. Mir gelingt es, ausgeglichen zu sein. Ich *spüre*
sogar ein bisschen, wie es mich packt. Ich wette, ich bringe
noch mehr hin."

Bei mir selbst schoss der Pegel des Eifers beträchtlich in
die Höhe, nachdem ich damit aufgehört hatte, mir selbst

dauernd Geschichten zu erzählen und stattdessen damit anfing, auf die Erfahrungen des jeweils gegenwärtigen Augenblicks zu achten. Anfangs hatte ich noch zu kämpfen, weil ich meine Geschichten interessant fand. Doch bald wurde das „Gepacktwerden", das sich infolge der Konzentration einstellt, interessanter als meine Geschichten. Wenn manche Leute einen Witz erzählen, fragen sie immer vorher, ob man den schon kennt. Ich merkte, dass ich meine Geschichten eigentlich alle schon kannte; so sagte mir eine innere Stimme immer öfter: „Kenne ich schon. Du brauchst gar nicht damit anzufangen."

Ich begann mich immer mehr für das Üben zu begeistern. Die Freude, ganz gegenwärtig sein zu können, und die Faszination der Entdeckung, wie Geist und Körper wirken, schlugen mich in ihren Bann. Ich fing zu verstehen an, was meine Lehrer meinten, als sie von „müheloser Anstrengung" gesprochen hatten.

Setzen Sie sich jetzt eine Zeit lang hin. Vielleicht hat Sie jetzt mein Eifer inspiriert, und Sie verspüren die Energie zum Üben. Sehen Sie zu, ob Sie es fertig bringen, Energie dafür einzusetzen. um die Eigenschaften Ihres Geistes miteinander zu verknüpfen. Konzentrieren Sie sich auf Ihr Atmen und setzen Sie dann den Faktor „Forschergeist" ein, um etwas Neues zu entdecken. *Erwarten Sie*, dass Ihnen etwas Neues aufgeht. Während Sie sich konzentrieren und tief in sich hineinschauen, erspüren Sie Ihren ganzen Körper. Genießen Sie sein Vibrieren. Lächeln Sie. Das bewirkt eine Veränderung.

Die **Achtsamkeit** ist der siebte Faktor der Erleuchtung. Als chemische Formel würde die Gleichung für Achtsamkeit so aussehen: Konzentration + Stille + Ausgeglichenheit + „Gepacktwerden" + Energie + Forschergeist = Achtsamkeit.

Oder man könnte auch schreiben: Achtsamkeit ist gleich ausgeglichenes, waches Wahrnehmen der gegenwärtigen Erfahrung.

In unserem praktischen Leben stehen uns nicht die ganze Zeit alle Faktoren in gleichem Maß zur Verfügung. Wir sind einmal mehr, einmal weniger still, einmal mehr interessiert, einmal weniger. Das ist normal. Unsere geistige und körperliche Energie ist ständigen Schwankungen unterworfen; außerdem ändern sich dauernd die äußeren Umstände.

Wenn man die Achtsamkeit in jedem Augenblick übt und jede Erfahrung mit wacher, gesammelter Aufmerksamkeit begrüßt, bringt das die anderen sechs Faktoren ins Gleichgewicht. Indem man jeden der anderen sechs Faktoren einzeln für sich einübt, verstärkt das die Fähigkeit zur Achtsamkeit. Ist das nicht eine feine Sache? Ich finde das großartig. Sie können gar nichts falsch machen.

Sitzen Sie jetzt so lange, wie es Ihnen zusagt. Freuen Sie sich Ihres Daseins. Begrüßen Sie jeden Augenblick mit wacher, gesammelter Aufmerksamkeit.

Anweisungen für die abendliche Gehübung

Sie haben jetzt das Achtsamsein in allen vier Bereichen geübt, die der Buddha in seiner Beschreibung der Grundlagen der Achtsamkeit nennt. Sie haben auf Ihre Körperempfindungen geachtet, auf Ihre Gefühlsnuancen, Geisteszustände und Einsichten. Der Buddha hat jeden dieser Bereiche einzeln behandelt, aber nicht gelehrt, sie schlössen sich gegenseitig aus. Sie sind gar nicht voneinander getrennt. Das können sie gar nicht sein, weil nichts vom andern ganz getrennt ist. Daher können Sie unter allen vier Gesichtspunkten zugleich üben.

Jeder Augenblick der Achtsamkeit lässt sich im Hinblick auf die darin vorkommenden Körperempfindungen beschreiben. Bei der Gehübung stehen normalerweise Körperempfindungen im Vordergrund. Bei der Sitzübung können diese Empfindungen so subtil werden, dass der Körper ganz in den Hintergrund zu treten scheint. Doch in beiden Fällen lässt sich die jeweilige Erfahrung benennen.

Jeder Augenblick der Achtsamkeit lässt sich auch von der damit verbundenen Geistesverfassung her beschreiben. Manchmal meinen neue Schüler, mit „Geisteszuständen" seien *starke* Gefühle gemeint. Sie sagen: „Heute habe ich gar keinen besonderen Geisteszustand verspürt." Starke Gefühle lassen sich leicht wahrnehmen. Das Bewusstwerden subtiler Geisteszustände erfordert dagegen eine verfeinerte Aufmerksamkeit.

Jeder Augenblick der Achtsamkeit ist von einer bestimmten Gefühlsnuance begleitet. Wir haben die Neigung, angenehme und unangenehme Augenblicke stärker zu beachten als neutrale, weil sie auf uns anziehend oder abstoßend wirken. In neutralen Augenblicken erlischt unser Interesse. Wir klinken uns aus.

Jeder Augenblick der Achtsamkeit bietet zudem die Möglichkeit, die Wahrheit wahrzunehmen.

Wenn Sie bei der jetzigen Gehübung Ihre Erfahrung in Augenschein nehmen, wenden Sie alle vier Gesichtspunkte an.

Halten Sie während der ersten Minuten des Gehens Ihre Aufmerksamkeit auf Ihre Körperempfindungen gerichtet. Fühlen Sie Ihren ganzen Körper, fühlen Sie Ihre Füße. Sodann beobachten Sie beim weiteren Gehen allmählich die vorherrschende Gefühlstönung Ihrer Erfahrung: Ist sie angenehm, unangenehm oder neutral? Dann, nach einiger Zeit, fangen Sie an, sich zu fragen: „In welcher Geistesverfassung bin ich jetzt?" Dazu stellen Sie von Zeit zu Zeit noch die Frage: „Was ist wahr?"

Sie können zwischen diesen vier Betrachtungsweisen im Rhythmus ihrer Atemzüge wechseln oder alle fünf Minuten oder immer dann, wenn Sie fühlen, dass der rechte Moment dafür gekommen ist.

Wie auch immer Sie vorgehen, Sie werden auf diese Weise die Wahrheit erkennen. Denn wenn wir etwas simultan aus allen Blickwinkeln betrachten, verschafft uns das die beste Ansicht. Das ist so ähnlich wie ein Gemälde von Picasso, auf dem alle Seiten und die Ansicht von oben gleichzeitig zu sehen sind.

Das letzte Sitzen am Abend

Nur noch ein kleines Strichlein von der Erleuchtung entfernt

Jetzt gebe ich Ihnen noch einige besondere Anleitungen für das Üben der Sitzmeditation in Zeiten, wo Sie sich vielleicht schläfrig fühlen.

Der Buddha sagte, wir sollten so wachsam sein, dass wir immer merken, ob wir bei einem Zug des Einatmens oder einem Zug des Ausatmens aufwachen. Ich glaube nicht, dass er das nur vom morgendlichen Aufwachen gemeint hat. Wenn man aus einem Tagtraum aufwacht, ist dies das gleiche wie ein Aufwachen aus dem Schlaf.

Genau genommen wachen wir jeden Tage Hunderte von Malen auf. Immer wieder merken wir, dass wir mit unseren Gedanken woanders waren. Das „O je! Wo war ich gerade?" bezeichnet einen Augenblick des Erwachens der Achtsamkeit. Wenn man in diesem Augenblick beobachtet, ob der eigene Atem gerade am Ein- oder Ausströmen ist, kann das zur natürlichen Methode werden, die Energie seiner Achtsamkeit aufrecht zu erhalten.

Lassen Sie alle möglichen geringschätzigen Urteile über sich selbst bleiben: „Ach, ich bin im Meditieren so schlecht!", „Das kriege ich nie richtig auf die Reihe!" oder „Ich wette, ich verpenne wieder den halben Kurs!" Gedanken des Zweifels ermüden den Geist. Verwenden Sie die Energie des Augenblicks voller Wachsamkeit für das volle Auskosten Ihrer gegenwärtigen Erfahrung: „Ich atme ein" oder „Ich atme aus". Oder: „Ich bin wach!"

Den richtigen Einsatz der Energie der Achtsamkeit habe ich von U Sivali gelernt, einem Mönch aus Sri Lanka, bei dem ich vor Jahren an einem Kurs teilnahm. Ich hatte ihm meine Unzufriedenheit darüber geschildert, dass ich bei Kursen eine bestimmte Hürde im Üben einfach nicht schaffte. Zur damaligen Zeit hatte ich die Gewohnheit, relativ früh zu Bett zu gehen, nämlich gegen neun Uhr abends. Gegen Mitternacht wachte ich dann immer ganz erfrischt auf, zog mich an und begab mich in die Meditationshalle, um dort das Sitzen und Gehen zu üben. Das begann ich jedesmal mit großer Begeisterung, aber kaum saß ich dann fünf Minuten, so schlummerte ich langsam ein. Der Rest der Nacht bestand dann aus Sitzen-Schlummern-Gehen-Schlummern-Sitzen-Schlummern. Ich sagte zu ihm: „Vielleicht hat das alles nicht viel Wert und ich sollte lieber gleich im Bett bleiben."

„Nein", entgegnete er. „Bleiben Sie nicht im Bett. Zunächst einmal ist das, was zählt, die Absicht. Außerdem macht es nichts aus, wie oft Sie einschlummern. Worauf es ankommt, ist, dass Sie von Zeit zu Zeit aufwachen. Jeder Augenblick der Achtsamkeit löscht einen Augenblick des Bedingtseins!"

Diese letzte Äußerung, nämlich die Vorstellung, dass jeder Augenblick der Achtsamkeit etwas *löscht*, gab meiner Fähigkeit zur Geduld einen gewaltigen Auftrieb. Ich stellte mir meinen Geist als große vollgeschriebene Wandtafel vor, und in jedem Augenblick, in dem ich achtsam war, löschte ich ein Stück des Hingeschriebenen von dieser Tafel. Ich dachte mir: „Man weiß nie, wie nahe man schon daran ist, den letzten Strich zu löschen! Vielleicht bin ich nur noch ein kleines Strichlein von der Erleuchtung entfernt!"

Legen Sie jetzt dieses Buch beiseite, und versuchen Sie es wieder mit Ihrer Sitzübung. Versuchen Sie jedesmal, wenn Sie aufwachen, genau auf Ihr Atmen zu achten. Wann immer Ihnen der Gedanke kommt: „Wo *war* ich wieder?", ersetzen Sie ihn mit: „Wo *bin* ich jetzt?"

Was immer Sie tun, Sie machen es *goldrichtig*

Ich will Ihnen eine Methode verraten, wie Sie das, was Sie bei einem Meditationskurs erreichen, schon während des Kurses richtig einschätzen können. Sie stammt von meinem Freund Jack.

Jack nannte dieses Kriterium vor vielen Jahren, als die Veranstalterin eines Meditationskurses ihn, den Lehrer, über einen bestimmten Schüler befragte. Jack gab zur Antwort: „Er macht das *goldrichtig*.“ Die Veranstalterin fragte ihn dann nach einer anderen Teilnehmerin, von der sie wusste, dass sie sich sehr schwer getan hatte. „Auch sie hat das sehr gut gemacht.“ Die Veranstalterin merkte, dass Jacks Auskünfte immer im gleichen Sinn waren, und fragte ihn noch nach einem dritten Teilnehmer. „O ja“, gab Jack wiederum zur Antwort, „der hat es wirklich sehr gut gemacht.“

„Jack, worauf bezieht sich das nun eigentlich, wenn Sie von ausnahmslos allen sagen, sie hätten es sehr gut gemacht?“

Jack gab zur Antwort: „Ich meine damit, dass sie immer noch hier sind.“

Sie sehen: Auch Sie machen es *goldrichtig*.

Abschluss des zweiten Tages

Wenn Sie sich ein längeres Retreat leisten können, dann wiederholen Sie morgen wieder den Tagesplan dieses zweiten Tags. Der zweite Tag ist das Grundmodell aller ganzen Tage des Übens in der Achtsamkeitsmeditation, gilt also auch noch für den 67. oder 283. Tag.

Wenn Sie den zweiten Tag wiederholen, wird es Sie weiterbringen, noch einmal alle dafür vorgesehenen Anweisungen und Fragen durchzulesen. Im Laufe der Jahre habe ich bei meinen Übungen die Erfahrung gemacht, dass ich immer wieder einmal, wenn ein Lehrer seine Anweisungen gab, dachte: „Das ist ja eine *großartige* Anweisung. Die hätte ich schon früher bekommen sollen. Hätte ich sie schon vor etlicher Zeit bekommen, wäre ich heute schon viel weiter." In Wirklichkeit hatte ich sie tatsächlich früher auch schon bekommen. Aber in dem Maß, wie sich mein Verständnis vertiefte, wurde auch meine Fähigkeit verstärkt, diese Anweisung wirklich richtig zu erfassen. Ihnen wird das vermutlich genauso gehen.

Im Fall, dass Sie morgen Ihr Retreat beenden, nehmen Sie sich morgen den dritten Tag vor. Dieser „dritte Tag" bringt die Anleitungen, die immer für den Abschlusstag des Retreats gelten, ganz gleich, der wievielte Tag das sein mag.

IV.

DRITTER TAG:
TAG DER HEIMREISE

Vor dem Frühstück

Unabhängig von der Länge eines Retreats hat der letzte Tag seine besonderen Eigenheiten. Eine besondere Herausforderung besteht darin, *alles*, was Sie tun, mit Achtsamkeit zu tun. Der Geist eilt bereits voraus und will die Heimkehr planen und vorwegnehmen. Für Ihre Sitzmeditation vor dem Frühstück können Sie sich das Achten auf dieses Vorauseilenwollen Ihres Geistes zum Gegenstand Ihrer Konzentration machen.

Setzen Sie sich so wie beim letzten Mal mit der Absicht, ganz genau auf Ihr Atmen oder Ihre Körperempfindungen oder auf Geräusche zu achten, also auf das, was in Ihrer Gegenwart vorgeht. Versuchen Sie besonders genau auf das regelmäßige Auftauchen von Gedanken wie: „Bald gehe ich schon heim" oder „Sollte ich jetzt gleich packen oder erst nachher?" zu achten. Diese Gedanken an sich sind kein Problem. An einem Abreisetag sind sie ganz normal.

Die volle Achtsamkeit auf diese Gedanken kann es Ihnen ermöglichen, sie wahrzunehmen, ohne sich weiter mit ihnen zu beschäftigen. Sie können nicht abreisen, bevor der Zeitpunkt der Abreise gekommen ist, und wann genau Sie packen, ist wahrscheinlich ziemlich gleichgültig.

Ess-Meditation

Ein grundsätzliches Ziel des Übens besteht darin, drei Grundwahrheiten des Lebens ganz klar zu sehen: die Wahrheit, dass alles unbeständig ist, die Wahrheit, dass alles eine Ursache hat und dass das Leiden aufhören kann, sowie die Wahrheit, dass alles miteinander verknüpft ist, das Ich also nicht losgelöst von allem anderen existiert. Alle diese Wahrheiten können wir beim Atmen wahrnehmen. Alle diese Wahrheiten können wir angesichts unserer Körperempfindungen wahrnehmen. Alle diese Wahrheiten können wir beim Kommen und Gehen unserer Gedanken und Gefühle wahrnehmen. Und wir können alle diese Wahrheiten während des Verzehrens unseres Frühstücks wahrnehmen.

Ich schlage Ihnen eine Ess-Meditation vor, bei der Sie ganz langsam essen und ganz bewusst jede einzelne zum Essen nötige Verrichtung ausüben: das langsame Vorbereiten des zu Verzehrenden, sein langsames Essen, sein volles Verkosten. Zusätzlich zum Achten auf diese praktischen Verrichtungen könnten Sie versuchen, Ihre Erfahrung beim Essen zu vertiefen, indem Sie sie mit den drei oben genannten Grundwahrheiten des Lebens verknüpfen.

So könnten Sie zum Beispiel an die vielen Weisen denken, auf die sich beim Verzehren Ihres Frühstücks die Unbeständigkeit äußert. Bevor Sie essen, haben Sie Hunger. Nach dem Essen ist Ihr Hunger ganz verschwunden. Bevor Sie essen, haben Sie etliche Nahrungsmittel auf dem Teller. Nachdem Sie gegessen haben, sind diese alle verschwunden. Wenn Sie während Ihres Frühstücks über die Tatsache nachdenken, dass dies der Schlusstag Ihres Retreats ist, können Sie sich einen Augenblick daran erinnern, dass es erst zwei Tage her ist, dass dieses Retreat noch in seiner vollen Länge vor Ihnen lag. Jetzt liegt diese Zeit so gut wie ganz hinter Ihnen. Wohin ist sie gegangen? Sie ist verschwunden. Sie können nichts mehr von ihr finden. Sie ist in der gleichen Vergangenheit versunken wie die Geburt Mozarts oder der Tag, an dem der erste Mensch seinen Fuß auf den Mond gesetzt hat.

Wenn Sie dann an die Ereignisse denken, die als nächste in Ihrem Leben auf Sie zukommen: Ihre Heimkehr, Ihre Arbeit usw., dann merken Sie, dass das alles Gedanken über eine mythische Zukunft sind, die sich auf Sie zu zu bewegen scheint und schon bald durch Sie hindurch gegangen sein und hinter Ihnen liegen wird – genau wie das Erlebnis dieses Retreats vor Ihnen zu liegen schien und jetzt hinter Ihnen liegt.

Ihre Erfahrung mit Ihrem Frühstück kann Ihnen auch zur Einsicht verhelfen, dass das Leiden durch Festhaltenwollen entsteht und das Ende des Leidens sich daraus ergibt, dass man nichts mehr festhält. Vielleicht verspüren Sie etwas Bedauern, dass Sie jetzt wieder gehen müssen, weil Sie es genossen haben, so bei sich selbst sein zu können. Dieses Unbehagen, das Sie empfinden, ist dadurch verursacht, dass Sie eine Erfahrung festhalten wollen, die sich nicht weiter fortsetzen lässt. Oder vielleicht freuen Sie sich auch, dass Sie jetzt wieder heimgehen können, weil Sie wieder andere Menschen treffen, mit denen Sie gern zusammen sind. Auch dieses unruhige Drängen ins Kommende hat etwas Unbehagliches an sich. Sie können feststellen, dass es hier und jetzt im Geist Leiden verursacht, wenn man sich auf etwas Kommendes fixiert. Selbst die mit einem relativ gelassenen Vorausplanen verbundene Anspannung fühlt sich ganz anders an als das volle Genießen dessen, was im gegenwärtigen Augenblick geschieht. In den Augenblicken, in denen Sie imstande sind, einfach zu entspannen und Ihr Frühstück zu genießen, geht Ihnen die Wahrheit vom Aufhören des Leidens auf. Sooft Ihr Geist es fertig bringt, ganz ohne Anhaftung oder Abneigung zu sein, erfahren Sie Freiheit. Sie können dieses Frühstück in vollkommener Freiheit zu sich nehmen.

Sie können sich auch die dritte Wahrheit jeder Erfahrung vor Augen halten: die Wahrheit, dass alles miteinander verbunden ist, also die Wahrheit, dass es kein ganz von allem anderen losgelöstes Ich gibt. Sicher, auf der Ebene unserer Körper aus Fleisch und Blut sind wir deutlich voneinander getrennt. Wir alle kehren in die eigene Wohnung, die eigene Lebensgeschichte und zu den Menschen, die uns wichtig sind, zurück. Andererseits können wir auch einige Schritte Abstand von unserer individuellen Lebensgeschichte nehmen und sehen, auf wie unglaubliche Weise alles Leben miteinander verknüpft ist.

Schauen Sie auf die Nahrungsmittel, die Sie auf Ihrem Teller haben. Denken Sie an alle die Menschen, die damit beschäftigt waren, Ihnen dieses Frühstück zu liefern: die Menschen, die die Zutaten angebaut und geerntet, hergestellt oder verpackt oder angeliefert haben. Denken Sie an unsere Umwelt, die das alles hervorgebracht hat. Dass jetzt dieses Frühstück vor Ihnen liegt, setzt eine Vielzahl von Bedingungen voraus, die zum Entstehen dieser Nahrungsmittel beigetragen haben. Genauso ist die Tatsache, dass Sie in diesem Augenblick gerade hier an dieser Stelle sind, das Ergebnis aller der Bedingungen, die dazu geführt haben, dass es Sie gibt und Sie bis zu diesem Moment leben konnten und ausgerechnet jetzt hier an diesem Ort sein können. Es gibt Augenblicke, in denen einem glasklar aufgeht, dass die gesamte Geschichte der Erde, ja wahrscheinlich sogar des Kosmos, ganz genau so verlaufen musste, wie sie verlief, damit man ganz genau dort sein kann, wo man gerade ist und sein Frühstück verzehrt.

Versuchen Sie ganz entspannt zu essen. Horchen Sie auf die Sie umgebenden Geräusche, genießen Sie das Gefühl des Raumes um sich, genießen Sie Ihr Essen, genießen Sie es, dass Sie in diesem Augenblick gerade hier sind.

Meditation über die grundlegende Anweisung

Typischer Bestandteil eines Kurses in der Achtsamkeitsmeditation ist das Rezitieren der fünf überlieferten Richtlinien für ein weises Leben, wie sie der Buddha aufgestellt hat. Oft fasse ich diese Richtlinien in eine einzige Anweisung zusammen: Habe die feste Absicht, dich in Klarheit zu üben, die sich als Güte und Mitempfinden äußert.

Ich spreche über diese Anweisung gern am Ende eines Kurses, wenn sich die Teilnehmer aufmachen, wieder in ihr Alltagsleben zurückzukehren. Die Anweisungen für ein spirituelles Leben haben nichts Geheimnisträchtiges an sich. Es geht meiner Ansicht nach dabei nur darum, dass sich die Weisheit, die in mir steckt, auf meine Beziehung zu anderen Menschen auswirkt. Die Voraussetzung für ein Leben nach diesen Anweisungen ist ein klarer Geist.

Mir wurde der innere Zusammenhang zwischen einem klaren Geist und einem von Weisheit erfüllten Leben vor dreiundzwanzig Jahren klar, als ich am College von Marin Unterricht in Hatha Yoga gab. Der Unterricht ging immer von vier Uhr nachmittags bis sieben Uhr abends. Als ich anderen davon erzählte, dass ich immer in dieser Zeit Unterricht gab, fragten sie mich: „Wie schaffst du das nur, ausgerechnet zu dieser Zeit aus dem Haus zu kommen?", denn ich hatte damals daheim vier kleine Kinder. „Das ist doch für Mütter die Zeit, wo sie am meisten in Anspruch genommen werden", meinten meine Bekannten. „Wie kannst du dich da frei machen?"

Es war tatsächlich schwierig, denn ich musste zusehen, dass alle meine Kinder von der Schule heimkamen, sich an ihre Hausaufgaben setzten, ins Schwimmen oder sonst zu einer Aktivität gefahren wurden, und erst wenn alles geregelt war, konnte ich zum Unterricht fortgehen. Es kam nicht selten vor, dass ich ziemlich wütend aus dem Haus stürmte: „Er hätte doch früher heimkommen können!… Warum musste sie gerade heute ihre Schultasche liegen lassen, so dass wir extra hinfahren und sie holen mussten! … Man muss endlos auf ihn einreden, bis er etwas kapiert!" Manchmal hatte ich unmittelbar vor dem Weggehen auch noch mit einem der Kinder heftig gestritten, oder ich ging wutentbrannt weg und dachte mir: „Warum muss er sich immer so dumm anstellen!"

Wenn ich dann mit dem Unterricht anfing, dachte ich mir öfter: „Das ist kein Zustand, dass du so zum Unterricht in Hatha Yoga antrittst – so innerlich aufgebracht." Aber es war auch nicht passend oder hilfreich, meinen Schülern zu sagen: „Ich bin wieder ganz durcheinander." So blieb mir nichts anderes übrig, als das zu verscheuchen oder mir die erste Viertelstunde nichts anmerken zu lassen. Ich begann dann immer mit den Yoga-Übungen, meistens mit einer Bewegungsübung, bei der man auf volle Achtsamkeit bedacht ist. Ich achtete genau auf meine eigenen Erfahrungen und beschrieb diese meinen Schülern, damit sie mit mir zusammen üben konnten. Oft sagte ich dann etwa: „Heben Sie Ihre Arme beidseitig an. Achten Sie genau auf alle Empfindungen in Ihren Armen, Ihren Händen, Ihren Schultern…", und dabei schossen mir Gedanken durch den Kopf wie: „Hoffentlich macht er jetzt auch wirklich seine Hausaufgaben." Dann fuhr ich fort: „Und jetzt senken Sie Ihre Arme langsam wieder und spüren alle Empfindungen in Ihren Armen. Dann atmen Sie tief ein und langsam aus."

Wenn ich das selbst sorgfältig mitmachte, merkte ich immer ziemlich rasch, dass es war, als habe sich in meinem Geist wie von allein ein Knoten gelöst. Aus dem Nirgendwo kam mir dann die Einsicht: „Er ist erst acht Jahre alt. In dem

Alter hat man noch keine solche Disziplin für die Hausaufgaben. Du kannst nicht erwarten, dass er sich genauso sorgfältig organisiert wie du als Lehrerin. Lass ihn doch. Er ist ja trotzdem ein guter Schüler." Dann erst war ich zum wirklichen Verstehen gelangt.

Auf dem Weg bis zum Verstehen war mein Geist verwirrt gewesen. „Ich komme zu spät. Ich mache meine Sache nicht gut. Ich bin unzuverlässig." Angst verwirrt den Geist. Wenn wir still sind und genau acht geben, fangen wir an, die Welt um uns mit Weisheit zu betrachten.

Das Wort *Weisheit* klingt vielleicht zu erhaben, so als steckten darin die Weisheit vieler Jahrhunderte oder tiefe Einsichten über die Beschaffenheit des gesamten Kosmos. Ich glaube, Weisheit bedeutet einfach, dass man die Dinge so sehen kann, wie sie wirklich sind. Achtjährige sind eben wie Achtjährige. Wer weise ist, sieht alles mit großer Klarheit und reagiert darauf angemessen. Worauf es dabei ankommt, ist die Achtsamkeit.

Wenn Sie wollen, können Sie jetzt in Ihrer Zeit, die Sie sich für Ihre Meditation über die beschriebene grundlegende Anweisung nehmen, an die Menschen in Ihrem Leben denken, mit denen Sie wahrscheinlich diesen Nachmittag und in den kommenden Tagen zu tun haben werden.

Vorbereitung auf die Meditation über liebevolle Güte

Die Aufwärmübung dafür, dass Sie an der Fülle liebevoller Güte *(metta)* Anteil haben, besteht darin, dass Sie an alles Wertvolle denken, das Sie je getan haben. Der Buddha lehrte, am ehesten lasse sich *metta* dadurch wecken, dass man das Gute in anderen sehe. Ein Retreat zur Einübung der Achtsamkeit zu halten, ist ein wertvolles Unternehmen. Das haben Sie jetzt gerade getan. Die Buddhisten würden sagen, Sie haben sich jetzt „Verdienste" angesammelt.

Am Ende eines Retreats fühlte ich mich oft wie ein Heimkehrer von einem Abenteuer und hatte ein Gefühl wie: „Ich kann es immer noch nicht glauben, dass ich diesen Abgrund auf einem Seil überquert habe." Das galt vor allem für die Anfangszeit meines Übens, als mir Retreats wie Fahrten auf der Indoor-Achterbahn in Disneyland vorkamen. Von dem Moment an, in dem man startet, kann man bis zum Schluss nicht mehr aussteigen. Noch schlimmer ist, dass es finster ist und man die Kurven und Schleifen und Biegungen nicht sehen und folglich sich überhaupt nicht darauf einstellen kann. Man kann nichts anderes tun, als sich ganz der Bewegung auszuliefern und sie bis zum Schluss mitzumachen. Ganz gleich, wie dieses Retreat für Sie war, jetzt sind Sie jedenfalls in den Haltepunkt eingelaufen.

Ich gab es schon früh auf, von meinen Erfahrungen bei Retreats etwas ganz Bestimmtes zu erwarten. Früher konnte es vorkommen, dass ich mich in bester Stimmung mit dreißig oder vierzig anderen Teilnehmern in Richtung der Meditationshalle auf den Weg machte, wenige Minuten, bevor wir das Schweigegelöbnis sprachen, mit dem jedes Retreat offiziell beginnt. Und da konnte es dann sein, dass vielleicht zufällig Len neben mir ging, mich begrüßte und fragte: „Übrigens Sylvia, hat deine Tochter jetzt ihren neuen Job bekommen?"

„Nein", sagte ich dann, „noch nicht. Sie bemüht sich immer noch darum."

„Na ja, in den Rundfunk ist auch nur schwer hineinzukommen", meinte er dann, vermutlich zu meinem Trost, und wir begannen gemeinsam zu schweigen.

Im Raum war es ganz still, aber mein Geist lief auf Hochtouren und plapperte lauter Selbstvorwürfe daher. „Du bist aber auch eine so schlechte Mutter! Du hättest sie nie auf diese Spur setzen sollen. Die Publizistik ist einfach riskant. Wahrscheinlich hat dein eigener Ehrgeiz dahinter gesteckt; du hast ihn auf die Tochter projiziert. Warum hast du sie nicht mehr in die Richtung gelenkt, sich einen *normalen* Beruf zu wählen? Wie wäre es, wenn du in einem günstigen Augenblick kurz ans Telefon gehen und mit ihr reden würdest, sie solle sich beruflich doch anders orientieren? Immerhin ist Len ja beim Rundfunk, und er muss es ja wissen!" Ich erfuhr also das massive Auftreten eines Haupthindernisses: zweifelnde, erregte, sorgenvolle, verwirrte Gedanken, von denen ich mir *inständig* wünschte, ich würde sie los. Ich entsinne mich nicht, wann diese Gedankenflut versiegte oder ob diese Gedanken bis zum Ende des Retreats anhielten. Jedenfalls blieb *ich* bis zum Ende des Retreats. Ich kam mir heldenhaft vor.

Als mir im Laufe der Zeit das Üben geläufiger wurde, legte sich das Achterbahn-Gefühl. Manche Retreats fielen mir leicht, andere schwer. Mir ging auf, dass das, was zählte, die Absicht war, wirklich achtsam zu sein. Es hilft nichts, wenn man seine Erfahrungen nach ihrem Schwierigkeitsgrad bewertet. Schließlich besteht das ganze Leben aus nichts anderem als aus Erfahrungen.

Ganz gleich, wie Ihre Erfahrungen beschaffen waren, rechnen Sie sich diese jedenfalls als Verdienst an.

Frage

Aber mir kommt es ganz und gar nicht so vor, als hätte ich etwas Verdienstvolles getan. Im Gegenteil: Während meiner Meditationszeit hier ist mir etliches bewusst geworden, was mir sehr unangenehm ist. Außerdem ist mir manches eingefallen, was ich aus lauter Gedankenlosigkeit unterlassen habe.

Etwas, was mir typischerweise in längeren stillen Übungszeiten passiert, ist, dass mir ganz spontan Verhaltensweisen und Taten einfallen, die mir Leid tun. Das ist eines der Dinge, die ich an der Meditationsübung anzunehmen, zu respektieren, ja sogar zu *schätzen* gelernt habe.

Wenn sich unser Geist nach und nach beruhigt, scheint es offensichtlich zu diesem Prozess zu gehören, dass er spontan das persönliche moralische Verhalten überprüft. Anfangs, wenn das in mir vorging, war ich überrascht und etwas enttäuscht. Zunächst wirkte es entmutigend, zu erkennen, wie oft ich Fehler gemacht und die Gefühle anderer Menschen verletzt, Gutes unterlassen, nicht genügend Einfühlungsvermögen besessen und entsprechend reagiert hatte. Andererseits war die Entdeckung ermutigend, dass mich das Üben deutlich auf diese Fehler aufmerksam machte, und das war eine Voraussetzung dafür, es besser zu machen.

Während eines Retreats ist es wichtig, in aller Ruhe einzusehen, dass ich bestimmte Fehler, die mir aufgehen, nicht unverzüglich beheben kann. Bei Retreats schreibe ich nicht viel; jedoch halte ich mit kurzen Stichworten fest, was ich alles verbessern will, wenn ich heimkomme. Auf diese Weise muss ich nicht bis zum Schluss dauernd daran denken.

Diese spontane moralische Überprüfung und mein Entschluss, dies und jenes zu verbessern, sind für mich Beweise, dass die Übung wirkt. Ich glaube, das ist gemeint, wenn es in den Texten heißt, beim Üben gehe es um die „Läuterung des Herzens".

Nehmen Sie sich jetzt einige Augenblicke Zeit, um sich still hinzusetzen, sich zu entspannen und bewusst einige lange, beruhigende Atemzüge zu nehmen. Dann lesen Sie die folgenden Anweisungen für das formelle Einüben der liebevollen Güte.

Das formelle Einüben der liebevollen Güte

Der traditionelle rituelle Abschluss eines Kurses in Achtsamkeitsmeditation besteht aus einer Zeit formellen Einübens der liebevollen Güte *(metta)*. Es handelt sich dabei um ein festes Schema, sich und allen anderen alles Gute zu wünschen. Anfangs dachte ich, der Grund, weshalb das die formelle Abschlussübung ist, sei der, weil man davon ausgehen konnte, dass zu diesem Zeitpunkt alle in einer entspannten und glücklichen Stimmung seien. Wenn man sich selbst glücklich und zufrieden fühlt, wünscht man ganz spontan auch allen anderen, einschließlich seiner selbst, alles Liebe und Gute. Jetzt aber glaube ich, dass der Wunsch um Wohlbefinden für einen selbst und für alle anderen auch ein Ausdruck des Mitgefühls, ja eine Reaktion darauf ist, dass man sich gerade *nicht* wohl fühlt; außerdem ist es das natürlichste Heilmittel dagegen. Ganz gleich also, wie Sie sich fühlen, setzen Sie an den Schluss immer die Haltung liebevoller Güte.

Setzen Sie sich an einem bequemen Ort bequem hin. Schließen Sie die Augen, und spüren Sie, wie Sie atmen. Denken Sie an jemanden, den Sie sehr lieben und von dem Sie glauben, dass auch er Sie sehr liebt. In den Texten der Tradition wird dieser Mensch als „der Wohltäter" bezeichnet, weil er einem „wohl tut" und man dankbar ist, einen solchen Menschen in seinem Leben zu haben.

Der Gedanke an einen solchen geliebten Menschen erfreut den Geist. Es fällt leicht, ihn mit liebevollen Wünschen zu bedenken. Sie können nach Belieben selbst genauer formulieren, was Sie ihm alles wünschen. In der Tradition ist dafür der einfache Spruch überliefert:

Mögest du glücklich sein.
Mögest du Frieden finden.

Sprechen Sie diese Sätze in Ihrem Geist immer und immer wieder vor sich hin. Manche finden es hilfreich, den einen Satz beim Einatmen, den anderen beim Ausatmen zu sprechen. Es ist aber nicht notwendig, dass Sie sich beim Sprechen genau an diesen Rhythmus halten. Aber ausprobieren können Sie es, ob Ihnen diese Methode zu größerer Konzentration und Aufmerksamkeit hilft.

Ziemlich wahrscheinlich führt das Wecken liebevoller Gedanken bezüglich eines „Wohltäters" dazu, dass Ihnen auch ähnliche Empfindungen bezüglich Ihrer selbst kommen. Ich glaube, aus diesem Grund hat der Buddha gesagt, man solle sich selbst alles Gute wünschen, nachdem man diese Wünsche auf jemanden gerichtet hat, den man sehr liebt. Auf diese Weise überwindet die Energie Ihrer Verbindung mit dem geliebten Menschen Ihr Zögern, sich selbst alles Gute zu wünschen – und zwar unabhängig davon, was Sie gerade bezüglich Ihrer selbst empfinden. Verwenden Sie dazu die gleichen beiden Sätze:

Möge ich Frieden finden.
Möge ich glücklich sein.

Versuchen Sie einige Minuten lang, mit diesen Sätzen immer abzuwechseln: einmal die Wünsche für den geliebten Menschen, einmal die Wünsche für sich selbst usw. Versuchen Sie, wirklich Ihr ganzes Herz in diese Sätze hineinzulegen, aus der festen Überzeugung, dass ein wohlwollender Wunsch etwas bewirkt. Aber werden Sie dabei nicht auf ungute Weise angespannt. Das Einüben von liebevoller Güte hat etwas Heiteres an sich. Lächeln Sie dazu.

Wenn Sie sich nach einiger Zeit dazu bereit fühlen, denken Sie an andere Menschen, die Sie kennen und lieben. Ich weiß von vielen, dass von dem Augenblick an, in dem sie beschließen, noch andere als ihren „Wohltäter" mit ihrem liebevollen Wünschen des Wohlwollens zu bedenken, eine lange Reihe von Menschen in ihrem Geist Schlange zu stehen beginnt und ebenfalls in den Genuss dieser Wünsche zu kommen begehrt. Sie können sich eine Zeit lang lebhaft den einen oder anderen Menschen vor Augen halten, oder Sie können die lange Reihe der Anstehenden entlanggehen und jedem einzeln Ihren Wunsch zusprechen. Die Wunschformel bleibt immer die gleiche:

Mögest du Frieden finden.
Mögest du glücklich sein.

Ein weiterer Schritt beim formellen Üben besteht darin, sich im Geist Menschen zu vergegenwärtigen, mit denen man Schwierigkeiten hatte. Wenn der Geist vom Zusprechen seiner guten Wünsche an ihm sympathische Menschen entspannt ist, bringt er es zuweilen auch fertig, beim Gedanken an weniger sympathische Menschen entspannt zu bleiben. Wenn Sie wollen, können Sie also jetzt versuchen, sich einige Minuten lang Menschen vor Augen zu halten, mit denen Sie sich schwer tun. Wieder ist der Wunsch der gleiche:

Mögest du glücklich sein.
Mögest du Frieden finden.

Sie werden selbst merken, wann Sie innerlich bereit sind, sich dieser anspruchsvolleren Aufgabe zuzuwenden. Wenn Sie denken: „Ich weiß noch genau, was mir dieser Mensch angetan hat, und ich wünschte, das wäre nie passiert – aber Schlechtes wünsche ich ihm nicht", dann sind Sie so weit.

Überkommt es Sie dagegen: „O je, hätte ich doch nur nicht wieder an diesen Menschen gedacht! Jetzt rege ich mich wieder auf, weil mir gerade wieder einfällt, was er mir angetan hat", dann wissen Sie, dass es damit zu früh war. Lassen Sie sich dann bis zu einem anderen Tag Zeit. Kehren Sie wieder dazu zurück, an Ihren „Wohltäter" zu denken. Oder wünschen Sie sich selbst wieder Glück und Frieden, bis Ihre negativen Gefühle verschwinden.

Sooft Sie wollen, können Sie Ihre Einübung der liebevollen Güte auch im Gehen fortsetzen. Wenn es das Wetter erlaubt, gehen Sie dazu ins Freie. Machen Sie einen weiteren Weg als den auf Ihrem kleinen Übungsabschnitt, einen Weg, auf dem die Wahrscheinlichkeit besteht, dass Ihnen andere Lebewesen begegnen. Wenn Ihr Retreat mitten in der Stadt stattgefunden hat, kommen Ihnen wahrscheinlich eine ganze Menge Menschen entgegen. Waren Sie dazu auf dem Land, begegnen Sie vielleicht nur Schafen und Kühen. Oder wenn Sie weit draußen in der freien Natur waren, sind es vielleicht nur Vögel und Schmetterlinge. Menschen wie Kühe und Vögel haben gemeinsam, dass sie Lebewesen sind. Eine besonders sympathische Zeile in der *Metta Sutta*, der Lehre des Buddha über die Übung der liebevollen Güte, lautet: „Mögen alle Lebewesen glücklich sein, ganz gleich, welcher Art sie angehören."

Gehen Sie eine halbe Stunde lang. Es kann auch länger sein, wenn Sie wollen und die Umstände es erlauben. Wünschen Sie dabei jedem Lebewesen, dem Sie begegnen, Glück und Frieden. Sollte es Ihnen albern vorkommen, Kühen Glück zu wünschen, können Sie den Spruch auch abwandeln. Sie können dann etwa sagen:

Möge es dir gut gehen.
Möge es dir gut gehen.
Möge es dir gut gehen…

Immer wieder dazwischen sagen Sie auch:
Möge es mir gut gehen.

Letztlich besteht das Ziel der Einübung in die liebevolle Güte darin, dass Sie Ihre für bestimmte Menschen gedachten guten Wünsche auf alle Lebewesen ausweiten und Sie für alle das gleiche Wohlwollen empfinden. Wenn man die überlieferten beiden Wohlwollens-Sätze allen Lebewesen zuspricht, neigt das den Geist in diese Richtung. Schließen Sie Ihr Gehen mit einem alles umfassenden Blick ab, bei dem Sie alles im Auge haben und sich auf nichts Einzelnes beschränken:

Mögen alle Lebewesen glücklich sein.
Mögen alle Lebewesen Frieden finden.

„Hauptsache, man pflanzt
überhaupt etwas an"

Ganz gleich, welche Erfahrungen Sie während Ihres Retreats gemacht haben, jetzt ist diese Zeit jedenfalls vorbei. Allerdings gibt es absolut keine Möglichkeit, auf der Stelle seine Achtsamkeits-Übung zu bewerten. Selbst wenn man sich geradezu in Ekstase oder jedenfalls ungemein wohl fühlt, ist das nicht unbedingt ein Kriterium dafür, dass das Retreat besonders fruchtbar war. Es gibt eine Menge Möglichkeiten, zeitweise ganz andere Zustände zu erfahren, ohne dass diese unbedingt zu mehr Weisheit führen müssen. Oder wenn Sie Ihr Retreat mit einem Gefühl der Traurigkeit beenden, ist das nicht unbedingt ein Zeichen, dass Sie etwas falsch gemacht haben. Vielleicht haben Sie eine wichtige Wahrheit erfasst, die Sie bislang verdrängt hatten. Dann würde das einen Fortschritt bedeuten.

Wenn Sie sich entspannt fühlen, ist das wunderbar. Falls aber nicht, ja selbst wenn Sie sich gereizt fühlen, könnte das bedeuten, dass Sie *unterwegs* zu einer bestimmten neuen Einsicht sind. Das kann man nie wissen. Vielleicht denken Sie: „Ach, jetzt habe ich es gerade erfasst, wie jeder Augenblick entsteht und verschwindet, und jetzt muss ich wieder heimfahren!" Daheim entsteht und verschwindet jeder Augenblick ganz genauso wie während des Retreats. Sie können also getrost heimgehen.

Meine Freundin Sharon vergleicht die Achtsamkeits-Übung mit einem Bauern, der Saat auf seinen Acker streut. Sie sagt: „Die Saatkörner werden auf die ganze Fläche gestreut. Manche gehen unverzüglich auf, andere keimen erst später, weil der Boden nicht warm oder feucht genug ist." Mir fällt bei Sharons Vergleich mein eigener Garten ein, und ich denke dann an die ganze Arbeit, die ich tun muss, bevor eine neue Pflanze wächst. Die Meditationsübung lässt sich mit der ständigen Bearbeitung des Gartenbodens vergleichen.

Ein wichtiger Teil des Übens ist die *Absicht*. In den Texten der Tradition wird die Absicht als „Neigung des Geistes in Richtung der Einsicht" definiert. Ich glaube, schon dass man sich Zeit für das Einüben der Achtsamkeit nimmt, „neigt den Geist" in diese Richtung.

Heute morgen rief mich meine Freundin Mary Kay an. Ich sagte ihr, dieses Jahr könne ich in meinem Garten nicht so viel pflanzen wie sonst, weil ich meine ganze Zeit brauche, um den Termin für die Fertigstellung eines Buches einzuhalten. „Dieses Jahr reicht es mir nicht, alle Beete im Garten zu bepflanzen. Ich habe nur einige Tomaten und Zucchini gepflanzt."

„Das reicht doch", sagte sie. „Hauptsache, man pflanzt überhaupt etwas an."

Das große Geschenk der Achtsamkeit

Bei mein Unterricht über Achtsamkeit erkläre ich gewöhnlich, es handle sich um eine wissenschaftliche Methode. Dazu erläutere ich, dass der Buddha ein hervorragender Psychologe war und eine ungemein zutreffende Erklärung dafür gefunden hat, wie unser Geist arbeitet. Oft sage ich: „Die Achtsamkeit ist etwas ganz Praktisches. Wenn man in jedem einzelnen Augenblick mit vollem Verstehen und ruhigem Aufnahmevermögen präsent sein kann, ist das eine befriedigende, glückliche Art zu leben. Sie macht Sinn. Sie ist völlig vernünftig. Daran ist nichts Geheimnisvolles."

Allerdings ist das nicht alles. Zu Beginn dieses Retreats sagte ich, die Achtsamkeit sei eine Möglichkeit, weise zu sein und zugleich weise zu werden. Zum Schluss möchte ich sagen, dass das kontinuierliche Üben eine Möglichkeit ist, *Schritt für Schritt* immer weiser zu werden. Die Achtsamkeit ist die Übung, die der Buddha lehrte, um ein wirklich weiser, mitfühlender, liebender und erfüllter Mensch zu werden.

Nach Aussage des Buddha verfügen erleuchtete Menschen im vollen Maß über zehn besondere Eigenschaften. Diese Eigenschaften werden als *paramitas* bezeichnet: moralisches Verhalten, Entschlossenheit, Verzicht, Mühe, Gleichmut, Wahrhaftigkeit, Geduld, liebevolle Güte, Großzügigkeit und Weisheit.

Überdenken Sie jetzt noch einmal, was Sie während Ihres Retreats erfahren haben. Ich betrachte die Absicht, sich eine Zeit der Einkehr für das Einüben der Achtsamkeit zu nehmen, schon vor Antritt dieses Retreats als eine Äußerung des *moralischen Verhaltens* und als deutliches Zeichen dafür, dass jemand gut zu sich selbst und zu anderen sein will. Das nächste, was Sie gebraucht haben, war die *Entschlossenheit*, wirklich zu diesem Retreat zu fahren. Sodann mussten Sie sich für diese Tage von Ihren Bekannten und Ihrer Familie und aus Ihrem normalen Alltagsverlauf lösen, was *Verzicht* und *Mühe* erfordert hat. Jedesmal, wenn Sie sich dann in diesen Tagen auf eine neue Situation, ein neues Gefühl, einen neuen Gedanken eingestellt haben, haben Sie sich in *Gleichmut* geübt. Jeder Augenblick wachsamer Gegenwart war ein Augenblick der *Wahrhaftigkeit*. Das Durchhalten dieses Retreats war eine Frage der *Geduld*. Das Einüben *liebevoller Güte* war eine Äußerung der *Großzügigkeit*. Ihre neuen Einsichten waren ein Zeichen der *Weisheit*. So haben Sie also alle zehn Eigenschaften erworben, und alle schlicht mit Hilfe der Achtsamkeit.

Im Fernsehen sah ich einmal den Bericht über eine besondere Art des Triathlon für Berufsschüler im Kochen. Statt um Radfahren, Laufen und Schwimmen ging es dabei um Radfahren, Laufen und Kochen! Jeder Wettkämpfer erhielt am Startpunkt einen Rucksack mit geheimnisvollem Inhalt, radelte die festgelegte Kilometerzahl und rannte dann mit seinem Rucksack die vorgesehene Strecke. An deren Ziel erreichten alle eine große Küche voller Herde, und jeder musste aus den in seinem Rucksack enthaltenen Zutaten ein Gericht kochen. Jeder Sack enthielt die gleichen Zutaten.

Die Zutaten dafür, wie ein Buddha erleuchtet zu werden, tragen wir von Natur aus in uns.

Die Kochschüler *wussten*, dass sie kochten. Bei Ihnen war das etwas anders: Während Sie saßen und gingen und achtsam waren, köchelten die zehn *paramitas* ganz von allein vor sich hin, ohne dass Sie es merkten. Betrachten Sie ihr Wachsen als das große Geschenk der Achtsamkeit.

Kochrezept für die Buddha-Suppe

Zutaten:

Moralisches Verhalten
Entschlossenheit
Verzicht
Mühe
Gleichmut
Wahrhaftigkeit
Geduld
liebevolle Güte
Großzügigkeit
Weisheit

Zubereitung:

Fügen Sie in je gleichen Mengen Konzentration, Ruhe, Gelassenheit, „Gepacktwerden", Forschergeist, Energie und Achtsamkeit hinzu.

Genießen Sie es.

Finde die Stille

Ulrich Schaffer
Wenn die Stille spricht
Im Tagebuch sich selbst begegnen
Band 5038
Im Innehalten und Nachdenken wird das Leben voller, reicher, intensiver. Inspirierende Anregungen zum Tagebuchschreiben.

Niklaus Brantschen
Erfüllter Augenblick
Wege zur Mitte des Herzens
Band 5030
Lärm, Unruhe, Hektik, Stress, Zerstreutheit – damit unser Leben nicht davon überwältigt wird, können wir Oasen der Stille suchen und ein neues Gefühl für das Leben finden.

Gelassenwerden
Herausgegeben von Rudolf Walter
Band 5016
Die innere Gelassenheit wächst, wenn man ihr Raum gibt, wenn es gelingt, loszulassen, Vertrauen zu gewinnen, das Ganze zu sehen.

Anselm Grün
Vergiss das Beste nicht
Inspiration für jeden Tag
Band 4864
Jeder Tag ist Lebenszeit, in der wir dem Glück begegnen und Lebensfreude finden können. 365 Anregungen, die der Seele gut tun.

Katsuki Sekida
Zen-Training
Praxis, Methoden, Hintergründe
Band 4850
Das Grundlagenwerk für alle, die Theorie und Praxis der Zen-Meditation kennen lernen wollen.

HERDER spektrum

Peter Wild
Finde die Stille
Spiritualität im Alltag – Ein Übungsbuch
Band 4818

Dieses Übungsbuch zeigt, welche Schritte zu tun sind, um die innere
Stille täglich zu erleben. Für Anfänger und Fortgeschrittene.

Will Johnson
Meditieren – in der richtigen Haltung
Das Praxisbuch
Band 4718

Schritt für Schritt erklärt der Autor, wie man zur ausgeglichenen,
aufrechten Körperhaltung und richtigen Sitzposition findet.
„Ein Basisbuch, für Meditierende aller Traditionen und Schulen"
(Zenmeister N. Brantschen).

Eknath Easwaran
Meditieren als Lebenskunst
Acht Schritte zu innerer Harmonie und zur Entfaltung
des eigenen Potentials
Band 4683

Ein konkretes Trainingsprogramm, das hilft, den Alltagsstreß zu
reduzieren und größere Lebensfülle für sich zu entdecken.

Lawrence LeShan
Vom Sinn des Meditierens
Schlüssel zu einem erfüllteren Leben
Band 4615

Wie man durch Meditieren Gelassenheit und persönliche Stärke entwickelt . Klar, anschaulich und mit vielen Beispielen.

Jon Kabat-Zinn
Im Alltag Ruhe finden
Das umfassende praktische Meditationsprogramm
Band 4533

Eine Fülle von Tips, wie sich alltägliche Situationen in meditative
Übungen umwandeln lassen und wie man neue Kraft aus eigener Stärke
gewinnt.

HERDER spektrum